赢在沟通

WIN IN THE
COMMUNICATION

周煜◎著

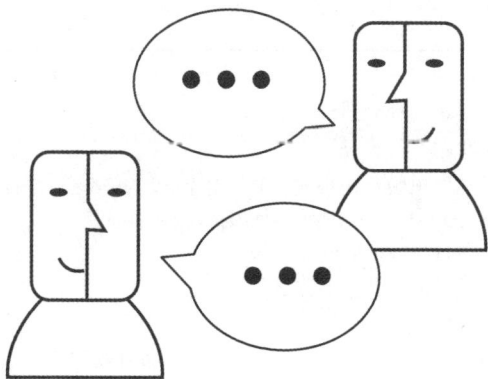

人民邮电出版社
北京

图书在版编目（CIP）数据

赢在沟通 / 周煜著. -- 北京 : 人民邮电出版社,
2025. -- ISBN 978-7-115-66590-4

Ⅰ. C912.11-49

中国国家版本馆 CIP 数据核字第 20257MF552 号

内 容 提 要

本书聚焦于职场沟通的核心技能，不仅涵盖向上、平行、向下及对外沟通的艺术，还结合实战场景进行演练，旨在全面提升读者的沟通效能和团队协作效率。

本书强调清晰表达和逻辑严密汇报的重要性，并探讨了促进同事间顺畅合作及理解需求的方法。针对团队管理，本书还讲解了获取信任、设定目标以及有效倾听和传达指令的关键作用，旨在激励成员并优化任务分配。此外，本书还特别关注了公众互动技巧，以帮助读者维护良好的公共关系，增强品牌形象。同时，每章末尾都设有"实战演练"模块，如"纸上剧场"模拟练习、"同频共振走迷宫"活动、"智者于谷底对话"体验环节和检验成果的"民心舞台剧"。

本书适合想通过沟通提升竞争力的体制内外职场人士阅读，也适合希望能在高效阅读和演讲能力上获得提升的人员阅读，还适合作为高校沟通方面的教材。

◆ 著　　　　周　煜
　　责任编辑　孙燕燕
　　责任印制　周昇亮

◆ 人民邮电出版社出版发行　　北京市丰台区成寿寺路 11 号
　　邮编　100164　　电子邮件　315@ptpress.com.cn
　　网址　https://www.ptpress.com.cn
　　天津千鹤文化传播有限公司印刷

◆ 开本：880×1230　1/32
　　印张：7　　　　　　　　　　2025 年 6 月第 1 版
　　字数：146 千字　　　　　　2025 年 6 月天津第 2 次印刷

定价：49.80 元

读者服务热线：(010)81055296　印装质量热线：(010)81055316
反盗版热线：(010)81055315

沟通制胜：职场高手的必备指南

在职场中，几乎每个人都曾经历过因沟通不畅而感到挫败的时刻：汇报的工作不全面，重要信息被误解，团队协作中存在摩擦，个人意见未得到充分表达。这些情况不仅会拖慢项目进度，降低工作效率，还可能让我们错失展现自我价值的机会，甚至阻碍自己的职业发展。这种无形的障碍，就像隐形的手，悄无声息地影响着我们的工作体验和成就。

由此可见，在当今快速变化的社会环境中，沟通能力已成为衡量个人职业素养和领导力的重要标准。无论是在体制内还是在体制外，无论是公务员还是企业员工，良好的沟通能力都是取得成功的关键因素之一。本书旨在为职场人士提供一套系统、实用的沟通方法论，帮助其提升沟通能力，从而在不同工作场景下都能游刃有余，高效达成目标。

本书分为4章，每一章针对一种常见的沟通场景，深入探讨其背后的沟通之道。通过学习这些方法，您不仅能够提升自身的沟通能力，还能在职业生涯中获得更大的发展空间。

第1章　向上沟通：掌握精髓，跑赢80%的职场人

向上沟通是每位职场人士必须面对的重要课题。本章详细介绍了如何与上级进行有效沟通，包括如何表达观点、报告进度等。通过案例分析和实战演练，您将学会如何精准把握上级的需求，用恰当的方式表达自己的观点，从而赢得信任和支持。

第2章　平行沟通：洞悉需求，超越90%的同行

平行沟通是指与同事之间的交流。本章探讨了如何在团队协作中发挥最大效能，如何处理跨部门合作中的问题，以及如何在讨论方案、提供建议、消除分歧等方面展现卓越的沟通技巧。通过应用"4W+H"法则、"4W+R"法则等，您将能够在工作中游刃有余，成为团队中的关键人物。

第3章　向下沟通：读懂人心，收获95%的团队支持率

向下沟通涉及对下属的管理和指导。本章重点讲解了如何获取信

任、引领团队、组织研讨等。通过掌握这些技巧，您将能够更好地理解下属的需求，激发他们的潜力，从而提高团队的工作效率和提振团队士气。

第4章 对外沟通：把握需求，赢得100%的公众满意度

对外沟通是指与公众的互动。本章将教会您如何在日常咨询、矛盾调解、政策宣传等场合中展现最佳形象，通过这些技巧，您将能够在公众面前树立起专业、可靠的形象，赢得广泛的认可和支持。

适合所有职场人士

虽然本书特别关注体制内的沟通需求，但其内容也适用于每一位希望提升沟通能力的职场人士。无论您身处哪个行业，无论您的职位高低，良好的沟通技巧都是不可或缺的。通过本书的学习，您将能够实现以下目标。

提升工作效率：减少误解和冲突，提高团队协作效率。

增强领导力：通过有效的沟通赢得他人的信任和支持。

促进职业发展：展示出卓越的沟通能力，为自己创造更多的机会。

改善人际关系：在工作和生活中建立更和谐的人际网络。

本书每节内容都经过了精心设计，确保您可以直接套用。为了进一步方便您的应用，每节的结尾还设置了AI提示词。您只要读懂每节内容，然后直接将AI提示词输入诸如"通义千问""豆包""文小言"等各类AI应用程序中，即可快速生成符合情境的沟通文本。这种方式不仅节省时间，还确保沟通的专业性和有效性。

我相信，本书将成为您职场生涯中的一位良师益友，帮助您在各种沟通场景中游刃有余，成就非凡。愿您在阅读本书的过程中，不断获得新的启发，不断提升自己的沟通能力，最终成为真正的沟通高手。

谨此为序，敬祝各位读者在职场道路上取得更大的成功！

周煜

2025年2月

目录

第1章

向上沟通：掌握精髓，跑赢80%的职场人

本章系统介绍了与上级有效沟通的技巧，包括使用"PREP"结构清晰表达观点、掌握工作汇报艺术、运用黄金法则解读政策、以金字塔结构反馈问题并提出解决方案、在会议中高效发言及补充意见，以及应对领导责备的方法，全面提升向上沟通能力。

第1节　表达观点："PREP"结构

面对复杂多变的工作环境，在有限的时间内让他人理解和重视自己的观点，是一项不可或缺的技能。这里推荐高效实用的"万能公式"，其不仅能够帮助你在阐述观点时逻辑清晰、重点突出，还能有效增强观点的说服力。

◎表达观点"万能公式"

作为公职人员，在表达观点时会面临诸多挑战：从海量信息中提炼关键信息难，易致汇报无重点；逻辑不清削弱说服力，在争取资源

时受阻；冗长叙述拉低效率；听众差异大，需灵活调整表达方式；高压下情绪管理不易，紧张心理干扰表达；文化规范严，语言风格需恰当。

这些挑战考验着沟通智慧与技巧。在表达观点时，如何才能做到清晰、有力，从而有效应对上述挑战，提升沟通效果呢？不妨运用表达观点"万能公式"。

表达观点"万能公式"如图1-1所示。

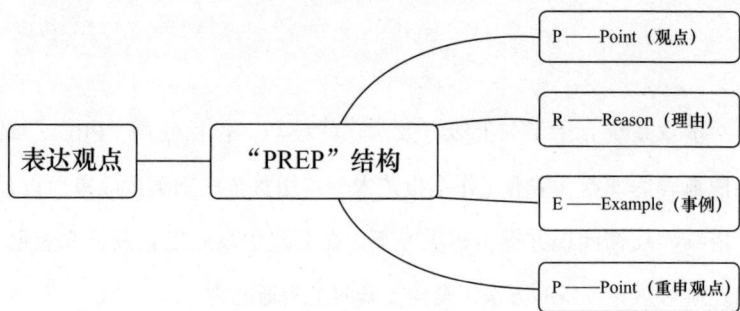

图1-1　表达观点"万能公式"

Point（观点）："PREP"结构的起点，即明确你要传达的主要观点或立场。比如："本季度，我们成功实施了一系列创新的党建活动，显著提升了党员的参与度和组织的凝聚力。"观点简洁明了，直接回答"你想说什么"这一问题。它是整个表达的核心，后续的展开都将围绕这一核心进行。

Reason（理由）：在提出观点后，紧接着需要解释支持这一观点的理由。比如："通过引入数字化平台和社区服务项目，我们拓宽了党建活动的覆盖面，实现了线上线下相结合的互动模式。"理由即支持观点的逻辑基础，可以包括事实、数据、理论依据或其他逻辑推理，目的是让听众理解为什么你的观点是有道理的，增强说服力。

Example（事例）：为了使理由更加具体、生动，事例的引入是非常必要的。比如："'红色足迹'线上知识竞赛吸引了超过80%的党员参与，而'绿色家园'志愿服务项目则得到了社区居民的高度评价，增强了党员的社会责任感。"这一部分，可以讲解具体的案例、故事或个人经历，使抽象的观点变得具象化，更容易使听众接受和记忆观点。好的事例能够激发听众的兴趣，加深对观点的理解。

Point（重申观点）：最后一步是对观点的重申，这一步看似重复，实则是强调和巩固。比如："因此，第二季度的党建活动不仅促进了党员之间的交流与合作，也为党组织注入了新的活力，我们将继续探索更多创新方式，进一步加强党建工作。"再次清晰地陈述观点，可以帮助听众回顾和总结你想要传达的信息，确保信息被完整接收，同时增强观点的影响力。

📋 场景案例

专题研讨会上，请你针对单位的培训和发展进行发言。

尊敬的领导及同事们：

（Point：观点）为进一步适应新时代发展要求，提升单位的综合竞争力，现迫切需要加强并优化内部培训体系，打造学习型组织，以实现人才的持续成长与单位的长远发展。

（Reason：理由）当前，社会发展日新月异，技术革新与政策调整频繁，这对我们的工作能力和知识结构提出了更高的要求。一方面，传统的培训模式已难以满足员工多样化、个性化的学习需求；另一方面，外部竞争加剧，这要求我们不断更新知识、提升技能，以保持竞争优势。因此，建立一套灵活、高效、覆盖广泛的内部培训体系显得尤为重要。

（Example：事例）以去年我单位开展的"数字技能提升计划"为例，该项目通过在线课程、研讨会与实战演练相结合的方式，成功提升了大家在数据分析、人工智能应用等方面的能力。参与项目的同志反馈，这种混合式学习模式不仅增强了学习的趣味性，也极大地提高了知识吸收效率。项目结束后，大家在实际工作中运用所学知识解决问题的能力显著增强，有效推动了单位数字化转型的进程。

（Point：重申观点）基于上述分析，我坚信，唯有通过系统化、专业化的培训与发展策略，方能有效提升单位的整体竞争力和员工的个人素质。

◎运用好表达观点"万能公式"的两个原则

运用好表达观点"万能公式"，要把握两个原则。

原则一：不畏惧权威，尊重是根本

在体制内的沟通环境中，权威的存在往往在无形中形成了一道心理屏障，使得下级在向上级表达观点时，难免会感到拘谨或畏惧。然而，运用"PREP"结构表达观点时，首要的原则便是克服这种畏惧感，勇敢地将自己的想法和见解报告给上级。但这并不意味着可以无视上下级关系。真正的勇气体现为在尊重的基础上，坦诚而自信地表达自己的观点。这种平衡的艺术，不仅能够促进更深层次的沟通与理解，也是个人职业发展中不可或缺的软实力。

举例

在一个政府机关的项目改进研讨会上，你是一位中层管理者，需要向部门领导提出关于优化公共服务流程的建议。尽管领导在机关内有较高的地位，但你观察到现有流程在某些环节存在效率低下和用户体验不佳的问题。

尊敬的领导：

（Point：观点）我认为通过数字化转型，可以显著提升公共服务的效率和市民的满意度。

（Reason：理由）当前，许多公共服务流程仍依赖于纸质文件和人工审核，这不仅耗时，还容易出错。数字化工具的引入能够实现自动化处理，减少人为干预，同时提高透明度和可追溯性。

（Example：事例）以邻近城市的电子政务平台为例，自实施以来，公共服务申请的平均处理时间缩短了 50%，错误率降低了 30%，市民的好评率大幅上升。

（Point：重申观点）因此，我建议我单位借鉴成功经验，逐步推进公共服务的数字化改革，以期达到更高的效率和更好的服务质量。

以上表达，不仅展示了对现有问题的深刻理解，还提出了具体的改进建议，并引用了成功案例来佐证。同时，表达方式体现了对领导的尊重，没有直接批评现有的做法，而是以建设性和前瞻性的视角提出建议，这正是"不畏惧权威，尊重是根本"原则的生动体现。

原则二：按事实说话，诚信是根本

在体制内的工作环境中，信息的真实性和准确性是维持组织正常运转的基石。这意味着在准备和呈现我们的观点时，必须以客观事实为依据，确保所提供的信息真实无误，避免夸大其词或隐瞒真相。这不仅是职业道德准则，也是运用"PREP"结构表达观点时必须遵守的原则。它要求我们在沟通中始终保持诚实与正直，以客观事实为依据，避免任何形式的虚假或误导，从而建立起一种基于信任与尊重的沟通文化。

举例

你是一名负责城市规划的公务员，正在参加一个关于城市绿地建设的会议。在会上，你需要就绿地面积的扩大和分布优化提出建议。

尊敬的领导、各位同事：

（Point：观点）根据最新的城市规划指标和居民健康需求分析，我认为我们应该增加市区绿地面积，特别是在人口密集区域。

（Reason：理由）研究表明，充足的绿地不仅可以改善空气质量，减少热岛效应，还能显著提升市民的心理健康水平。

（Example：事例）以邻近城市的绿肺公园项目为例，自从扩建后，周边区域的空气质量指数提高了20%，居民满意度调查得分上升了30%。

（Point：重申观点）因此，基于事实和数据，我建议我们优先考虑在人口密集区域增设绿地，以期达到改善环境和提升市民心理健康水平的双重目标。

发言人通过提供最新的城市规划指标、科学研究数据以及成功案例，展示了对事实的尊重和对诚信的坚守。既没有夸大绿地建设的效益，也没有忽略可能存在的挑战，而是基于客观事实和可靠数据提出建议，这不仅增强了观点的说服力，还体现了体制内沟通中对诚信原则的重视。这种方式不仅能够有效地表达观点，还能增强决策过程的科学性和民主性，为城市规划的优化贡献智慧和力量。

AI提示词：

请你扮演一位体制内的工作人员，围绕第二季度的党建工作，按照"PREP"（观点、理由、事例、重申观点）结构，写一篇向领导表达观点的发言稿，字数为1500字，文风严谨，符合体制内的风格。

第 2 节　报告进度：现状—进度—问题—方法—规划

工作中，如何向领导清晰报告工作进度呢？这里介绍一个简单的"万能公式"，帮助你在领导面前报告工作进度时井井有条。

◎报告进度"万能公式"

作为公务员，"报告进度"是避不开的一项工作。很多人会遇到以下问题：报告前，明明想好了怎么说，但是一旦开口，就不知道哪些是关键，要么冗长要么有遗漏；信心满满地写了几大篇，做了充足准备，但被领导一问，就瞬间卡壳了；好不容易做完报告，领导还认为报告没有重点。如何报告进度才能让领导认为你对工作是上了心的呢？不妨运用报告进度"万能公式"。

报告进度"万能公式"如图1-2所示。

图1-2　报告进度"万能公式"

现状：简要介绍当前工作的背景或环境，包括任务的基本情况、已设定的目标或项目启动的初衷。比如："当前，关于××政策的落地工作已稳步迈入中期阶段，我们已完成全面的内部研讨及初步实施方案的设计，各项工作正严格按照上级指示和既定时间节点有序推进。"先说现状，旨在为领导提供必要的信息，帮助其快速理解报告的基础。

进度：详细说明到目前为止的工作进展，如具体完成了哪些任务、取得了哪些阶段性成果。比如："至今，本年度重点工作计划已完成超过半数，达到了总体进度的60%，完成了所有核心政策文件的起草、修订及两次内部评审优化，现正处在跨部门协同检验与实施准备的关键时期。"使用数据和事实支持你的陈述，比如完成百分比、关键事件等，使汇报内容具体、可量化。

问题：诚实地反映在执行过程中遇到的问题或障碍，无论是内部流程、资源调配还是外部因素。比如："近期工作中遇到的主要难题是，上游部门资料提交的滞后，影响了我们对关键决策文件的整合进程，致使整体项目进度较原定计划稍有延后，大约耽搁了一个工作周的时间。"明确指出问题而不回避，展现对实际情况的准确把握。

方法：针对上述问题，提出你的见解及已尝试或计划采取的解决方案。比如："为应对这一挑战，我们已启动应急协调机制，加强了与相关部门的每日沟通，并提议在下周召开专项协调会议，同时探索采用替代方案以确保任务按时完成。"展示你的主动思考和解决问题的能力，同时也可以征求领导的意见或支持。

规划：展望未来，阐述接下来的工作计划和策略，包括短期目标、长期规划以及预期达到的效果。比如："接下来一个月，我们将加快内部审批流程，预计两周内完成剩余文件审核，并计划在月底前全面进入实施阶段，确保项目按调整后的时间线顺利推进。"清晰的时间表和可衡量的目标能增强汇报的说服力，也能让领导对后续步骤有明确的了解。

场景案例

月度会议上，小李向局长和各位同事报告驻村帮扶工作的进度。

尊敬的局长及各位同事：

（**现状**）自驻村帮扶工作开展以来，我们股室深入 ×× 村，聚焦于改善当地基础设施、促进农业产业升级及提升村民生活水平。本月我们的工作重心在于进一步改善教育支持与医疗卫生条件，旨在为村民创造更加宜居的发展环境。（**进度**）至今，我们成功协调资源完成村小学教室的修缮工程，新增图书500册，为孩子们提供了更好的学习条件。在医疗卫生方面，已组织两次义诊活动，服务村民800余人次，并协助建立村卫生所，配备基本医疗设备。此外，开设技能培训课程，目前已有30名村民掌握现代农业种植技术。（**问题**）尽管取得了一定进展，但目前仍面临资金筹措不足的问题，影响了部分基础设施改造项目的进度，尤其是农田灌溉系统的升级工作。另外，因地理位置偏远，吸引投资发展特色产业存在一定困难。（**方法**）为解决资金问题，我们正积极撰写项目提案，争取上级政府的专项补助及社会各界的捐赠支持。同时，计划举办农产品线上推广活动，提升××村特色农产品的品牌知名度，吸引更多市场关注和潜在投资。关于特色产业培育，我们拟邀请专家进行实地考察，结合村情制定切实可行的发展规划，以期吸引外部投资。（**规划**）下一步，我们将优先推进农田灌溉系统的改造工程，预计在下个月完成初步设计并启动施工。同时，继续深化教育与医疗援助，计划开展远程教育合作项目，丰富孩子们的学习资源。长远规划中，我们将围绕生态旅游和特色农产品深加工探索新的经济增长点，力争在年底之前形成稳定的收入来源，切实提高村民收入水平。

　　我们深知任务艰巨，但股室全体成员充满信心，将持续努力，确保驻村帮扶工作取得更大实效。在此，也恳请局长及各位同事给予更多指导和支持，共同为××村的振兴与发展贡献力量。

谢谢大家！

◎运用好报告进度"万能公式"的两个原则

运用好报告进度"万能公式"，要把握两个原则。

原则一：心理预期前汇报

这一原则是指我们要在上级对某项工作形成固定看法之前主动沟通，通过提前汇报现状与进展，引导对方形成积极正面的预期。这要求我们在工作中不仅要注重实际成效，还要重视沟通的时机与方式，主动传递信息，减少误解和不必要的压力。

举例

在推进智慧城市建设项目的初期，我了解到项目的一个重要模块"智慧照明系统"可能因供应商延误面临延期上线风险。

根据心理预期前汇报原则，我在问题成为瓶颈之前，主动向局长汇报了这一现状。在"问题"环节，我明确提出供应商可能迟延交付的情况，而在"方法"部分，我同步介绍了我们正在接触的备选供应商列表及评估标准，以及内部团队加速自研备选方案的计划。这样，局长不仅能提前了解潜在问题，还能了解我们已有的应对措施，维持了他对项目管理团队的信任和正面评价。

原则二：备选方案

这一原则提醒我们写好备选方案。凡是在向领导汇报问题前，我们应尽量提供一套或多套解决方案，展现对问题的深入思考和主动解决问题的态度。这不仅能够体现汇报者的责任心和应变能力，还能促进其与上级之间的互动讨论，为决策提供更多选项。

举例

在驻村帮扶工作的进展汇报中，针对资金筹集不足的问题，我运用了备选方案原则。

在"问题"部分阐述资金缺口的具体情况后，立即在"方法"部分提出了两个解决方案：一是设计详细的项目书申请乡村振兴资金，同时联络非营利组织寻求资助；二是策划一场以"乡村振兴，你我共助"为主题的公益众筹活动，通过社交媒体和合作伙伴的渠道扩大宣传，吸引公众参与捐赠。这样的汇报结构不仅展现了我们面对困难时的积极态度，也为领导提供了选择的空间，便于他们根据实际情况做出最佳决策。

AI提示词：

请你扮演一位体制内的工作人员，围绕乡村振兴帮扶工作，按照第一部分讲现状，第二部分讲进度，第三部分讲问题，第四部分讲方法，第五部分讲规划的顺序，写一篇向领导汇报工作进度的发言稿，字数为1500字，文风严谨，符合体制内的风格。

第3节　工作汇报：要点、特点、闪光点

在例行的工作汇报中，既全面反映工作进展，又深刻体现个人

及团队的创新与成效，成为每位公务员提升自我、展现价值的关键环节。这里推荐的工作汇报"万能公式"不仅能够帮助你梳理汇报脉络，更能精准捕捉项目或工作的独特之处与突破性成果，有效提升汇报的专业度与吸引力。

◎工作汇报"万能公式"

在体制内，工作汇报常遇三大痛点：一是面对海量工作信息，提炼要点的能力欠缺，导致汇报内容繁复，难以快速吸引听众注意；二是忽略对工作特点与创新成果的深入挖掘，使得汇报缺乏鲜明个性与亮点，难以凸显个人及团队的独到贡献；三是汇报技巧存在短板，如逻辑结构不清晰、语言表达欠佳，直接影响信息的传递效率与效果，甚至可能造成上级对工作成绩的误判。运用工作汇报"万能公式"就能解决以上痛点。

工作汇报"万能公式"如图1-3所示。

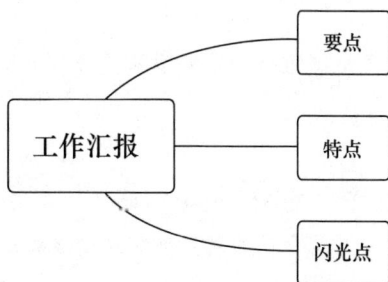

图 1-3　工作汇报"万能公式"

要点：该部分聚焦于核心任务与目标完成情况。比如："发展和改革局本季度成功推进十项关键改革措施，显著改善了区域营商环境。"它要求汇报者能够从纷繁复杂的工作细节中抽丝剥茧，精准捕捉关键信息，如项目进度、关键指标达成情况等，确保听众迅速把握汇报主旨，提高沟通效率，避免信息过载。

特点：该部分旨在突出工作中的差异化元素与创新实践。比如："我们的'一站式'服务创新模式，大幅简化了企业注册流程，成为改革的一大亮点。"它要求汇报者不仅要展现项目的独特性，还要激发听众的兴趣，促进经验交流，为后续工作提供灵感。

闪光点：该部分聚焦于工作中的亮点与成就，体现对个人或团队卓越表现的认可。比如："在最新评估中，我区因'发展改革'工作成效显著，被评为省级'改革创新示范区'。"闪光点可以是超越预期的成果、受到表彰的优秀案例或是对某一难题的成功破解。强调闪光点不仅能够提振团队士气，提升个人形象，还能增强汇报的感染力，让听众对汇报内容留下深刻印象，从而获得更多的支持与资源。

📋🔍 场景案例

　　某位领导在某社区进行现场调研时，社区书记围绕党群服务中心的日常工作进行汇报。

尊敬的各位领导、各位同志：

　　今日，非常荣幸在此向大家汇报我社区党群服务中心近期的工作情况。接下来，我将从"要点、特点、闪光点"3个维度展开，力求全面地展现中心的运行实况与成效。

　　（要点）党群服务中心始终坚持以党建引领为核心，紧密围绕服务居民、凝聚人心、优化治理三大职能开展工作。上半年，中心组织各类党建活动共计 52 场，覆盖党员、群众近 2000 人次，有效强化了基层党组织的战斗堡垒作用。同时，中心积极协调各方资源，解决居民诉求 287 项，满意度达到 95%，有力提升了社区治理效能。

（特点）我社区党群服务中心的特点在于创新"网格＋服务"模式，将党建工作与社区治理深度融合。通过构建"1＋3＋N"网格服务体系，即以中心为 1 个核心，联动 3 级网格员队伍，对接 N 项居民需求，实现了服务的精准化与高效化。此外，中心还积极探索"智慧党建"平台建设，利用信息化手段提升党建工作的覆盖面与参与度，形成线上线下相结合的服务格局。

（闪光点）最值得骄傲的是，我社区党群服务中心在今年荣获市级"模范党群服务中心"称号，这是对我们工作的高度肯定。特别是在 ×× 期间，中心迅速启动应急响应机制，组织志愿者队伍，开展物资配送、心理疏导等服务，有效保障了居民的基本生活需求，展现了基层党组织的责任担当与强大凝聚力。此外，中心还成功孵化了多个居民自治组织，如"邻里守望队""环保先锋团"，激发了社区居民参与治理的热情，形成了共建、共治、共享的良好局面。

总结而言，我社区党群服务中心的工作在要点上紧贴民心，在特点上勇于创新，在闪光点上凸显成效。我们将继续秉承初心，砥砺前行，不断提升服务水平，努力打造新时代基层党建与社区治理的典范。

谢谢大家！

◎运用好工作汇报"万能公式"的两个原则

运用好工作汇报"万能公式",要把握两个原则。

原则一:洞察需求,有的放矢

了解并洞察领导的关注点和期望,是有效沟通的前提。在准备汇报时,应事先考虑领导可能关心的问题和角度,确保"要点"直接回应其关切,"特点"突出工作中可能引起领导兴趣的创新点,"闪光点"则聚焦于领导所重视的成果或价值。这样有的放矢地汇报,能更有效地吸引领导的注意力,提升汇报的针对性和效率。

举例

张科长负责一项重要项目,即将向局长汇报项目的中期进展。局长近期多次强调成本控制与技术创新的重要性。

尊敬的局长:

(**要点**)我今天汇报的要点是,我们的项目已按计划完成了60%,同时降低了15%的成本,远超预期目标。(直接回应成本控制的需求)

(**特点**)在执行过程中,我们引入了一项创新的材料采购方案,通过大数据分析优化供应链,不仅确保了原材料的质量,还有效降低了采购成本。(突出技术创新)

(**闪光点**)尤为值得一提的是,我们团队自主研发的一项节能技术,预计可使整体运营成本再降低10%,这一成果得到了行业专家的高度评价。(聚焦局长关注的亮点,强化汇报的吸引力)

通过具体案例，我们可以看到，与领导沟通时，扮演好倾听者的角色极为关键，只有这样，汇报时才能精准地把握领导意图，有的放矢地呈现信息，最终实现高效互动，共同推进目标达成。

原则二：展现自信，适度谦逊

在汇报过程中，应展现出对自己工作的信心和热情，这能够让领导感受到你的专业能力和积极性。但同时，适度谦逊也非常重要，尤其是在提及"闪光点"时，应当客观评价成绩，避免过度自夸，应将成功主要归于团队合作和领导的指导，展现良好的团队精神和个人素养。这种谦逊的态度有助于建立你与领导之间的信任关系，促进更加积极的互动和获取支持。

举例

王科长在年度工作总结会议上，向单位领导汇报所在科室的工作成果。（领导重视团队协作与个人职业成长）

尊敬的局长：

（**要点**）今年，我们科室在"智慧政务"项目上取得了重大突破，成功上线了市民服务一体化平台，实现了 95% 的业务线上办理，大大提升了政务服务效率。（自信地展示科室成绩）

（**特点**）这一成果的取得，得益于科室内部建立了高效协同的工作机制，每位成员都能发挥所长，相互支持，形成了强大的团队合力。（强调团队协作的重要性）

（**闪光点**）我个人有幸主导了平台用户界面的设计与优化工作，通过广泛收集市民反馈，不断迭代改进，显著提升了用户体验。这一过程让我深刻认识到倾听民声、持续创新的重要性，也感谢领导给予的信任与指导，使我得以快速成长。（适度谦逊，将个人成就置于团队与领导支持的语境下）

王科长的汇报方式巧妙融合了个人成就与团队协作，通过对"智慧政务"项目成果的展示，不仅凸显了工作成绩，还特别强调了团队成员间的相互支持与领导的指导作用。这种汇报方式不仅体现了对团队协作的重视，也表达了对领导指导的感激，有效营造了积极向上的工作氛围，同时为个人和团队树立了良好的职业口碑。这种方式不仅有利于赢得同事的尊重和领导的认可，也是提升个人职业形象的有效途径。

AI提示词：

请你扮演一位基层党组织书记，围绕党群服务中心的日常工作这一主题，分要点、特点、闪光点3个层次，写一篇向领导进行工作汇报的发言稿。字数为1200字，文风严谨，符合体制内的风格。

第4节　解读政策：黄金法则——Why、How、What

面对多元包容的政策环境，如何形成一套系统化、层次化的政策解读与执行体系？这里推荐的解读政策"万能公式"不仅能提升政策理解的深度与广度，更能激发我们的执行力与创新力，促使政策精准高效落实。

◎解读政策 "万能公式"

在日常工作中，面对大量的政策文件，我们常常感到迷茫与充满压力。一方面，海量的信息让我们难以迅速抓住政策的要义；另一方面，缺乏有效的解读框架，使得我们在面对政策时，往往只能停留在表面，难以触及深层逻辑，这不仅影响了政策实施的效果，也阻碍了个人在体制内的成长与发展。运用解读政策 "万能公式" 就能解决这些问题。

解读政策 "万能公式" 如图 1-4 所示。

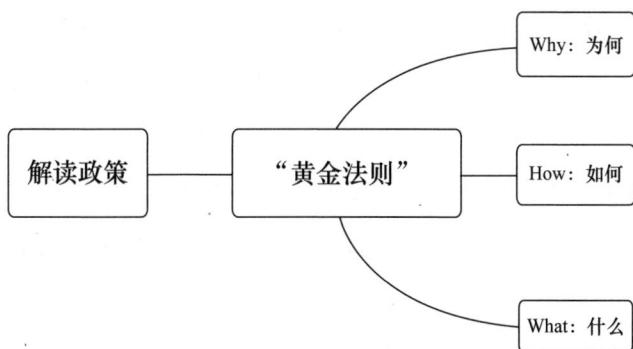

图 1-4　解读政策 "万能公式"

Why（为何）：洞察政策初心。面对新出台的政策，我们首先需明确其背后的根本目的。比如："面对国家推出的乡村振兴战略时，我们首先会问：为何要振兴乡村？答案是缩小城乡差距，促进共同富裕，这是政策的初心。理解了这一点，我们在执行政策时就能聚焦于改善农村基础设施、提升农民收入等关键领域，确保政策目标的实现。"这一层面的思考，帮助我们从宏观角度理解政策的初心和国家的战略布局，从而在执行中保持正确的方向，避免偏离核心目标。

How（如何）：掌握实施策略。仅仅理解"Why"是不够的，我们还需明确"How"，即政策实施的具体途径和方法。例如，在促进城市可持续发展方面，如何确保公共交通系统的高效运行？通过研究相关政策文件，我们可以发现改善交通基础设施、提高公共交通服务质量和鼓励市民使用公共交通工具是解决该问题的关键策略。

明确了这些策略后，我们就能更有针对性地制订行动计划，如加大对地铁、轻轨和公交车的投资，优化公交线路设计，以及推出优惠政策或奖励措施来吸引更多的乘客选择公共交通出行。此外，我们还可以引入智能交通管理系统，利用大数据分析预测流量，从而减少拥堵，提高运输效率。

What（什么）：明确具体行动。在"What"层面，我们应聚焦于政策的具体内容和要求，明确自身在政策执行过程中的角色和责任。比如："考虑到中共中央、国务院印发的《教育强国建设规划纲要（2024—2035年）》中有关对教育公平的要求，我们要采取哪些具体措施来促进教育公平？可能的答案包括扩大优质教育资源覆盖面、增加农村和边远地区教育投入、实施教师培训计划等。有了这些具体行动指南，我们就能在各自岗位上，为实现教育公平做出实际贡献。"这一步骤确保我们对政策有清晰的认知，能够精准对接政策需求，避免执行偏差，实现政策目标。

场景案例

某省组织部门的政策研究员小李，正着手分析新修订的《干部教育培训工作条例》。

尊敬的同事们：

聚焦新修订的《干部教育培训工作条例》（以下简称《条例》），我与大家分享三点关键思考，共探干部教育的未来之路。

（Why：为何）首先，此次修订，立足于国家治理体系现代化的宏大背景，旨在打造一支具备高素质、高能力的干部队伍，回应党和国家对人才的崭新呼唤。中央视干部教育培训为先导性、基础性、战略性的工程，彰显其对人才培养的高度重视。

（How：如何）其次，关于实施策略的创新与优化。《条例》掌画了完善培训体系、强化理论与党性教育、加强专业技能培训、推行分类分级培训、健全考核激励机制的蓝图，旨在提升教育培训的针对性与实效性，引领干部教育步入科学化、规范化轨道。

（What：什么）最后，明确行动指南的精准性与实效性。《条例》要求各级组织部门与时俱进，调整培训计划，强化师资队伍，拓展在线资源，严格考核评估，建立培训档案，每一项举措均指向提升培训质量与干部能力。

让我们携手，以政策为引领，以目标为导向，共同谱写干部教育培训的新篇章。让每一次培训都成为干部成长的阶梯，让每一分努力都汇聚成国家强盛的基石。

总结如下。

Why（为何）：响应时代呼唤，提升干部素质。

How（如何）：优化培训体系，确保实效。

What（什么）：精准行动，提升质量。

通过对Why、How、What的分析，小李不仅对《干部教育培训工作条例》有了全面而深入的理解，也为本省干部教育培训工作的规划和实施提供了清晰的思路与方向，有助于推动干部教育培训工作的优化升级，为培养忠诚、有担当的高素质专业化干部队伍贡献力量。

◎运用好解读政策"万能公式"的两个原则

运用好解读政策"万能公式"，要把握两个原则。

原则一：上下文一致

在解读任何政策时，都必须将其置于特定的历史背景、社会环境和政策体系中考虑。这意味着，在分析Why（为何）时，不仅要理解政策的直接目的，还要考察其背后的社会经济因素、国际形势变化等宏观背景。在探讨How（如何）时，要考虑政策实施的可行性，结合现有资源、法律法规和行政体制等现实条件分析。而在明确What（什么）时，则要确保政策实施细节与整体战略方向保持一致，避免执行中的脱节或冲突。

举例

环保政策解读。

尊敬的各位同事：

今日聚首，共议中央"绿色发展"新政【2025年1月1日开始施行的《浙江省绿色低碳转型促进条例》（以下简称《条例》）】，肩负解读、规划与执行之重任。我分享三点核心思考，共赴绿色转型之路。

首先，探究 Why（为何）——政策出台背景。目前，国内环境污染加剧，人民健康受到威胁，同时各国也在期待中国勇于担当，参与全球环境治理。因此，中国应回应内外关切，出台新政，以满足民众对清洁环境的向往，彰显绿色发展决心。其次，规划 How（如何）——立足国情，实事求是。中国经济结构多样，科技发展不均，故绿色转型需创新与稳健并重。政策聚焦清洁能源推广、能效提升、绿色金融构建，契合经济转型需求，顺应科技与市场趋势。最后，明确 What（什么）——行动细化至地方政府与企业层面。地方政府依实制定减排计划，企业严守环保法规，绿色制造与循环经济并举，化挑战为机遇，促经济环保双赢。

在此，我呼吁，让我们齐心协力，以强烈责任感践行"绿色发展"，让绿水青山成为中华大地的永恒风景，惠及千秋万代。

谢谢大家！

通过以上案例，我们可以看到上下文一致原则是至关重要的。

在这一过程中，我们超越了政策文本的表层，深入探究其背后的 Why（为何）——历史潮流、现实挑战与社会需求；How（如何）——国情考量与实施条件；What（什么）——与目标紧密相连的具体行动。这一原则确保了政策理解的全面性与执行的精准性，引导我们制定出既贴合实际又具有前瞻性的策略，有力推动了绿色转型的进程。

原则二：目标导向

在整个解读过程中，始终要以实现政策目标为导向。这意味着，在探究 Why（为何）时，要明确政策最终想要解决的问题或达到的状态；

在规划How（如何）时，所有策略和步骤都应围绕目标展开，确保每一步都有助于目标的实现；而在明确What（什么）时，要细化到具体的行动指标和成果标准，确保政策执行结果能够直接反映目标达成情况。

举例

解读教育改革政策。

尊敬的教育界同仁们：

今日相聚，共商教育改革大计，我有幸借此机会，分享三点核心思考，共筑教育新蓝图。

首先，探究Why（为何）——教育改革的初心与使命。教育改革旨在培育具备创新精神、实践能力与高尚品德的新时代公民，以应对日新月异的社会需求。其次，规划How（如何）——以终为始，谋定而后动。在教学改革、师资培训与资源配置的每一个环节，我们都应紧抓培养综合能力这一主线，确保每一项举措都能指向学生全面发展，而非片面追求分数提高的短期胜利。最后，明确What（什么）——量化指标，成效可见。我们需设定一系列与政策目标相契合的评估标准，如学生参与社会实践活动的比例、创新竞赛的获奖情况等，以此检验改革成果，确保每一步行动都能切实服务于学生综合素质的提升。

在此，我呼吁，让我们坚守目标导向，确保每步改革均聚焦于未来公民的培养，避免偏离，稳步前行，共育国际竞争英才，为中华民族伟大复兴铺路。

谢谢大家！

以上案例，彰显了目标导向原则在政策解读中的作用。

这一原则要求我们在探究（Why：为何）时，锚定愿景；规划（How：如何）时，策略紧扣目标；明确（What：什么）时，措施映射愿景，构建目标驱动的执行链。实践证明，目标导向有助于聚焦视角、高效行动，推动教育改革深化，培育未来社会所需人才，实现体制内目标意识与执行力的双飞跃。

AI提示词：

> 请你扮演一位区教育体育局教育股股长，围绕"新课改"工作这一主题，按照黄金法则——Why、How、What的逻辑顺序，写一篇向股室人员解读政策的发言稿。字数为1200字，文风严谨，符合体制内的风格。

第 5 节　反馈问题：问题导向型模型——问题—原因—对策—结果

面对复杂多变的情境，我们时常面临各种问题：如何准确无误地捕捉问题本质，找到症结所在？如何制定出既具针对性又能广泛适用的解决方案，从而构建起清晰的思维框架，使问题分析与解决过程变得系统而有序？

◎反馈问题"万能公式"

在体制内，面对政策执行或内部管理中的种种挑战，困惑是时常出现的。如何在面对问题时迅速找到突破点？如何在分析问题根源时精准施策？如何保证新解决方案能达到预期目标？

答案是使用一套系统化、结构化的分析框架。传统的思考方式可能让我们仅在问题的表面徘徊，而难以触及深层次的原因。运用反馈问题"万能公式"就能解决这个问题。

反馈问题"万能公式"如图1-5所示。

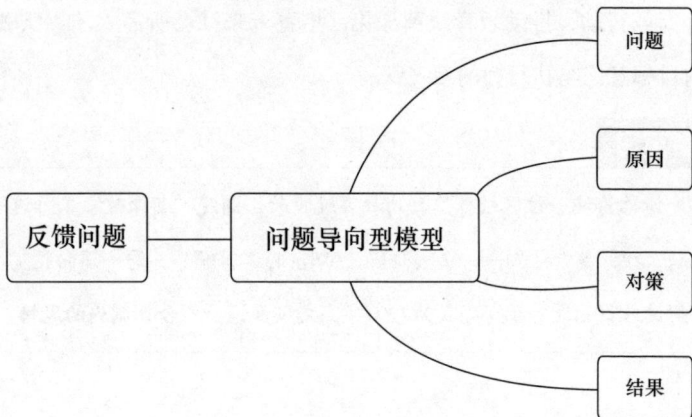

图1-5 反馈问题"万能公式"

问题：面对纷至沓来的任务与挑战时，首要之举便是明确"问题"。比如："近期某市级政府部门发现，市民对公共服务的满意度下降，特别是反馈在线服务平台的使用体验不佳。这一现象引起了部门领导的高度关注，决定将其作为当前亟待解决的核心问题，以提升市民的获得感和满意度。"明确问题不仅是分析的起点，更是决策的基础。

原因：深入分析"原因"，是解决问题的关键环节。比如："经过深入调研，该政府部门发现，在线服务平台体验不佳的主要原因是系统响应速度慢、操作界面不友好以及服务功能覆盖不全。这些问题的根源在于技术更新滞后和用户需求研究不足。"理解原因的重要性在于，它能帮助我们避免"头痛医头，脚痛医脚"，而是从根本上解决问题，确保措施的长效性和稳定性。

对策：制定"对策"是问题导向型模型中的行动阶段，它基于对问题及其原因的全面了解，提出具体可行的解决方案。比如："针对上述问题，该政府部门制定了详细的改进方案，包括引入更先进的技术以提高系统响应速度，优化界面设计以改善用户体验，以及增设多样化服务功能以满足市民多元化需求。"对策的制定不仅是理论上的构想，更是对未来行动蓝图的描绘，从而推动问题的有效解决。

结果：这是问题导向型模型中的闭环环节，它关注的是实施对策后的效果，包括问题解决的程度、政策执行的效果。比如："通过一系列有针对性的改进措施，该政府部门成功提升了在线服务平台的性能和用户体验。市民反馈显示，服务效率明显提高，满意度显著上升。这一成果不仅增强了政府公信力，也促进了公共服务体系的现代化转型，为构建智慧型政府奠定了坚实基础。"结果评估不仅是对过去决策的检验，更是对未来决策的启示。

场景案例

某国企综合部部长就近期会议效率提升情况进行发言。

尊敬的领导、各位同事：

大家好！

今日，我想就近期我们共同面临的会议效率低下的问题，与大家分享我的观察、分析与改进举措。

首先，直面问题。过去几周，会议超时与冗长讨论的现象愈发明显，这无疑影响了我们的决策效率与团队动力。

其次，深挖原因。我发现，议题准备不足、时间管理不当、参与不均以及后续跟进缺失是问题的核心所在。

为此，我提出对策：一是强化议题规划，确保会前充分准备，明晰讨论焦点；二是实施时间管理，每个议题设限，保证讨论的紧凑性；三是鼓励平等发言，实施轮流发言制，让每个人的声音都被听见；四是明确后续行动，细化决议，分配任务，确保执行到位。

目前，改进结果令人鼓舞：一是决策质量与速度双双提升，会议时间平均缩短30%；二是工作流程优化，项目推进更为顺畅；三是团队氛围积极向上，凝聚力显著增强。

最后，我坚信，通过持续优化，不仅能解决眼前的问题，更能构建一个更加高效、和谐的工作环境。

在此感谢大家的支持与配合，让我们携手努力，共创美好明天！

谢谢大家！

当我们运用问题导向型模型来分析会议效率低下的核心问题时，能够精准地识别出4个主要障碍：议题准备不足、时间管理不当、参与者发言机会不均衡以及执行和监督的缺失。对此，逐一梳理对应的策略，可以显著加快决策过程、优化工作流程、增强团队凝聚力，从而展示出高效的治理能力，并为长期稳定的发展打下坚实的基础。

◎运用好反馈问题"万能公式"的两个原则

运用好反馈问题"万能公式"，要把握两个原则。

原则一：尊重与谨慎

在体制内，尊重上级和同事观点都至关重要。即使是在指出问题和原因时，也应当用客观、中立的语气，避免直接指责，而是给予建设性的意见。在提出对策时，可以考虑上级或团队可能的接受程度，以及对策的可行性，避免提出过于激进或理想化的建议，以免引起不必要的抵触。

举例一：

当你发现部门内部的工作流程存在瓶颈，影响了工作效率时，正确的做法是先私下与直属上司沟通，提出观察到的问题，并附带可行的改进建议，而不是在部门会议上公开批评流程的不足。这样做既体现了你对上司的尊重，也展现了成熟和谨慎的态度。

举例二：

如果你注意到某位同事在工作中反复出现同一错误，直接公开指出可能会伤害对方的自尊心。合适的方式是私下与同事交谈，表达关心并提供帮助，这样既解决了问题，又维护了同事关系。

在体制内，维系和谐的人际关系至关重要。面对问题时，我们应秉持尊重与谨慎的态度，用私下面谈代替公开批评，展现自身的成熟稳重；同事犯错时，私下提醒，给予改正空间，体现关怀与团队精神。如此行事，既解决了实际问题，又维护了同事间的和睦，彰显了个人的职业素养与情商。

原则二：时机与场合选择

选择恰当的时机和场合进行反馈或提出建议，对维护体制内的人际关系尤为重要。有些问题可能更适合私下沟通，而非公开讨论；有些对策可能需要先向上级或相关部门咨询，获得支持后再提出。此外，应与上级及同事保持适度的沟通频率，以建立良好的个人形象和职业信誉。

举例一：

当你完成一项重要任务并取得显著成果时，适度地向上级汇报，而不是频繁地汇报，这样可以展现你的独立性和时间管理能力。你可以选择在每周固定的时间汇报或者在项目关键事件完成后汇报，这样可以避免给上级造成不必要的压力，同时确保你的成就被看到。

举例二：

在筹备年度总结大会时，你认为现有的议程安排可能不够吸引人，需要增加一些互动环节。正确的做法是先与项目负责人预约时间，选择一个双方都方便的时间，详细地提出你的想法和理由，而不是在一次无关的会议中突然提出，这样可以避免打断会议流程，展现你的专业性和对团队协作的尊重。

在体制内的沟通中，合理地选择时机与场合是关键。适时汇报进展，避免过度打扰，展现专业而不失礼貌；重大事务，择机而动，确保信息及时传达，既凸显个人能力，又不打乱团队节奏。如此，方能在复杂的人际网络中，构筑高效而和谐的交流桥梁。

AI提示词：

请你扮演国企某部的一位部长，围绕"第四季度政务礼仪接待"工作，按照问题导向型模型——问题—原因—对策—结果的逻辑顺序，写一篇向领导反馈问题的发言稿，注意把握尊重与谨慎的原则。字数为1200字，文风严谨，符合体制内的风格。

第 6 节　会议发言：铺＋观＋问＋论＋总

工作中，我们常面临纷繁复杂的局面，如何在迷雾中洞察本质，精准抓住问题核心？如何提炼出既贴合实际又有前瞻性的策略？这考验着我们的智慧，我们需要一种系统化的思考模式，使我们在应对挑战时，能够条理清晰、有的放矢。

◎**会议发言"万能公式"**

在会议中，当领导让我们发言时，我们往往会遇到以下问题：发言时信息不全，难建共鸣语境；观察受阻，难以洞悉问题实质；顾虑重重，恐触犯权威；逻辑混乱，说服力欠佳；提炼不足，核心信息模糊。以上问题让我们的发言一团糟，从而影响个人在体制内的职业发展。运用会议发言"万能公式"就能解决这些问题。

会议发言"万能公式"如图 1-6 所示。

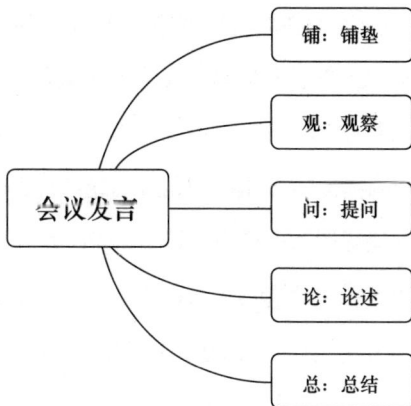

图 1-6　会议发言"万能公式"

铺：铺垫。铺垫阶段要求发言者简洁明了地介绍即将讨论的主题背景，包括但不限于历史沿革、当前状况或是政策背景。比如："鉴于我市教育系统师资力量分布不均，特别是农村地区教师短缺问题日益突出，我们今天将集中讨论如何优化教育资源配置，保障教育公平。"这一环节应避免冗长叙述，专注于呈现核心信息，确保会议高效且有针对性地展开。

观：观察。观察环节是基于铺垫阶段所提供的背景信息，对当前情况或存在的问题进行客观、细致的描述。比如："教育局的统计数据显示，农村学校的师生比例远低于城市，导致教学质量相对不高，农村学生接受优质教育的机会受限。"观察应当基于事实，辅以数据或实例，避免主观臆断，确保讨论建立在客观现实之上。

问：提问。提问是会议中激发思考、推动讨论向前发展的关键步骤。基于先前的观察，提出有针对性的问题，可以引导与会者从不同角度审视问题，探索潜在的解决方案。比如："鉴于教师招聘困难状况，特别是在偏远地区，我们是否应考虑实施更有吸引力的激励政策，比如提供住房补贴和职业晋升机会，以吸引更多优秀教师前往农村任教？"高质量的提问不仅能够深化对问题的理解，还能促进团队成员之间的互动，增强团队成员的参与感和协同效应。

论：论述。论述是发言者展示自己观点和建议的重要时刻。应当围绕提出的问题展开有逻辑、有深度的论证，提供有力的证据支持自己的立场。比如："借鉴其他地区的成功经验，我认为设立专项基金，用于农村教师的专业发展和生活条件改善，能够有效缓解师资短缺问题，提升教育质量。"论述应当条理清晰，结构合理，避免冗长和偏题，确保每一个论据都紧密围绕核心议题展开。

总：总结。这一阶段要求发言者对整个讨论过程中的关键点进行回顾，提炼出达成的共识和决定，确保所有与会者对会议成果有统一的认知。比如："为了缩小城乡教育差距，我们决定采取三项措施：一是设立农村教育专项基金，用于教师培训和生活补助；二是优化教师招聘政策，提供额外福利；三是加强与高校合作，定向培养农村教育人才。各部门需尽快细化方案，确保措施落实到位。"总结应当突出重点，避免赘述，明确下一步行动计划，为后续的执行和跟进提供清晰的路线图。

场景案例

某县委办公室信息股股长，就今年党委信息工作的推进发言。

尊敬的各位领导、同事：

（铺）自年初以来，我县党委信息工作取得了显著进展，但在信息化时代的大潮中，我们也面临着前所未有的挑战。

（观）目前，我们的信息报送数量虽有提升，但质量参差不齐，且在时效性和精准度上仍有较大提升空间。

（问）面对新时代信息工作的高标准、严要求，我们是否已充分整合现有资源，建立了高效的信息采集、分析和报送机制？

（论）我认为，强化信息队伍建设，提升信息员业务能力，是提高信息工作质效的关键。同时，利用大数据技术，加强信息筛选与分析，能够显著提升信息的时效性和精准度。

（**总**）为持续推动党委信息工作提质增效，我有3点建议：一是定期举办信息工作培训班，提升队伍整体素质；二是建立信息共享平台，实现资源优化配置；三是完善考核激励机制，激发信息报送积极性。

最后，让我们齐心协力，共同开创我县党委信息工作新局面。

谢谢大家！

从上述案例可以看出，发言人采用"铺＋观＋问＋论＋总"的会议发言"万能公式"，精准把握信息工作现状与挑战。通过问题导向，发言人提出定期举办信息工作培训班、建立信息共享平台及完善考核激励机制的务实建议，旨在提升信息工作质效。语言正式而生动，强调团队合作与责任，展现了发言人对信息工作的深刻理解和专业素养，为推动信息工作创新与发展指明了方向。

◎ 运用好会议发言"万能公式"的两个原则

运用好会议发言"万能公式"，要把握两个原则。

原则一：清晰定位与角色认知

在体制内，清晰地认识到自己的职位、职责范围以及与他人的关系是非常重要的。在发言时，应当根据自己的角色定位来调整语气和内容的侧重点。例如，作为信息股股长，在"铺"和"观"阶段，应该从部门的角度出发，客观地描述信息工作的现状；而在"问"和"论"阶段，则需要结合自身角色，提出既符合上级期望又能体现部门需求的观点和建议。

举例

在一次关于年度预算分配的会议上，某局财务科科长负责汇报财务状况与预算建议。

尊敬的领导、各位同事：

大家好！今天，我们共同探讨预算管理和财务规划的重要议题。我将简要回顾去年的工作，并就未来的预算调整提出一些思考。

（**铺**）首先，我们一起回顾去年的财务报告。通过一系列关键数据，我们可以看到，资金的使用是合理且高效的。例如，大家目前看到的这个数据，显示我们在资源分配上的精准度和对成本的有效控制。同时，我们也对预算执行情况进行了客观评价，确保每一笔开支都符合预期目标。

（**观**）其次，我要强调的是整体预算管理的重要性。在过去一年中，虽然某些部门可能面临超支的情况，但是今天我们更关注的是如何作为一个团队来优化我们的财务管理。

（**问**）在此，我非常关心各部门的实际需求，因此想问问各位代表：是否有任何预算调整的需求？此外，我也诚邀大家分享一些关于如何更有效地利用现有预算的想法。您的意见对我们来说珍贵无比。

（**论**）基于刚才收集到的意见和建议，我已经初步拟订了一个预算调整方案。这个方案旨在更好地支持各部门的工作，同时也体现了财务科协助大家进行合理预算规划的决心。

（**总**）最后，我总结一下今天的讨论要点。下一步，我们将按照既定程序推进预算调整工作，请各部门再次审查并提供宝贵反馈。

感谢大家的参与和支持！

通过以上案例，能看到财务科科长始终站在财务科的角度，清晰地定位自己的角色，既维护了财务纪律，又体现了财务科服务和支持各部门的职能，促进了预算管理的透明与协作。

原则二：注重反馈与互动

体制内的沟通往往需要考虑到信息的双向流动。在"问"阶段，可以设计一些开放性问题，邀请与会者分享他们的看法，这不仅能够收集更多有价值的信息，还能增强团队成员的互动性和参与感。在"论"阶段，适时引用或回应之前其他人的观点，表明你已经认真听取并考虑了他们的意见，这有助于获得信任和尊重。在"总"阶段，明确下一步行动计划的同时，也可以询问是否有其他补充建议，保持对话的开放性，促进持续的沟通与合作。

举例

在一次关于提升公共服务效率的研讨会上，某部门负责人需分享近期的工作成果与面临的挑战。

尊敬的领导、各位同事：

今天，我想和大家分享一下我们近期在公共服务改革方面取得的一些进展。

（铺）首先，我很自豪地说，通过大家的努力，我们已经成功缩短了服务时间，并且客户满意度得到显著提升。具体的数据令人鼓舞，这证明我们的方向是正确的。

（观）但同时，我注意到尽管整体趋势向好，但仍有部分公众对某些服务表示不满。我们没有将此归因于任何单一因素，而是视其为一个改进的机会，以进一步优化我们的服务。

（问）在此，我希望听到你们的声音。特别是那些身处一线的同事，你们直接面对公众，了解实际操作中的挑战。请告诉我们，当前的服务流程是否顺畅？你们在执行过程中遇到了哪些困难？

（论）领导们、同志们，我们共同探讨了这些问题，并根据大家的反馈提出了一些可能的解决方案。例如，增加培训机会和优化我们的信息系统，这些都是为了确保每位同事都能更高效地工作。

（总）最后，我要强调的是团队合作的重要性。只有我们齐心协力，才能不断推进改革，实现更高的目标。我鼓励每一位同事都积极参与到这个持续改进的过程中来，同时我也承诺会定期向大家通报改革的最新进展。

谢谢大家！

负责人在发言中多次邀请团队成员进行反馈，展现出对团队成员意见的重视，通过互动增强了团队的凝聚力，同时也体现了体制内高效沟通与协作的精神。

AI提示词:

请你扮演市行政审批局的一位科长,围绕提升公共服务效率这一项工作,按照"铺+观+问+论+总"的逻辑顺序,写一篇会议发言稿,注意把握清晰定位与角色认知、注重反馈与互动这两个原则。字数为1200字,文风严谨,符合体制内的风格。

第7节 补充发言:赞同+建议+谦虚

在体制内工作环境中,尤其是在会议讨论、向上级汇报或跨部门沟通时,要确保你的观点被温和而有效地传达,既表达对现有思路的支持,又提出建设性的改进建议,同时展现出谦逊的态度,这有助于维护和谐的工作关系,促进团队协作。

◎补充发言"万能公式"

补充发言时若不注意方式,可能会触及一些关键痛点。过于直接或尖锐的批评,不仅可能损害团队成员间的信任,还可能打击个人的积极性,让人感到不受尊重和支持。这种负面的交流环境会抑制创意的产生,阻碍个人发展,并限制团队整体潜力的发挥,最终成为组织前进的障碍。运用补充发言"万能公式"能让你避开上述问题。

补充发言"万能公式"如图1-7所示。

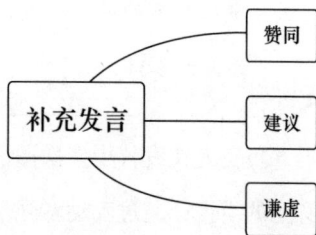

图1-7 补充发言"万能公式"

　　赞同：构筑沟通的桥梁。在体制内的会议或讨论中，以"赞同"作为发言的开篇，是对前人智慧的尊重与认可。比如："我非常赞同李主任关于项目优化的见解，他提出的前期调研确实为我们的工作指明了方向。"通过肯定同事或上级的观点与成就，我们不仅展现了谦逊与礼貌，更是在无形中降低了沟通的门槛，营造了一个开放而包容的交流环境。

　　建议：推动进步的催化剂。"建议"是发言中最具价值的部分，它体现了个人的专业素养与对团队目标的贡献。比如："基于李主任的提议，我想补充一点，是否可以引入跨部门协作机制，以此来进一步提高项目的执行效率？"提出建议不仅是表达个人意见，更是为了实现共同的目标，促进团队的创新与成长。

　　谦虚：维护和谐的润滑剂。"谦虚"如同润滑剂，维护着体制内人际关系的和谐。比如："当然，这只是我个人的一些粗浅想法，我非常欢迎各位同事提出宝贵的意见，共同完善这一方案。"在提出建议时，采取谦虚的态度，表明个人愿意倾听他人的反馈与建议，这不仅体现了个人的成熟与大度，更能在团队中营造一种相互尊重、共同学习的氛围。

📇 场景案例

　　在本年度第二季度党建工作总结会上，党建工作办公室赵主任进行补充发言。

尊敬的各位领导、同事：

　　（赞同）首先，我衷心赞同李书记在本次会议中对第二季度党建工作的全面总结与评价。李书记提到的"以学促行"理念，以及在党员教育、党务公开等方面的亮点，确实为我们的党建工作注入了新的活力，也得到了广大党员同志的积极响应。

（建议）在此基础上，我有一个小小的建议，考虑到当前信息技术的快速发展，我们是否可以进一步探索"智慧党建"的路径，比如开发一款手机应用程序，集党员学习、活动通知、党费缴纳等功能于一体，以科技手段提升党建工作的便捷性和覆盖度。这样不仅可以增强党员的参与感，还能提高工作效率，让党建工作与时代脉搏共振。

（谦虚）当然，这只是我个人的一个初步构想，可能存在考虑不周之处，我真诚地邀请在座的各位领导和同事提出宝贵意见，共同探讨和完善这一设想，以期更好地服务于我们的党建工作，推动其迈上新的台阶。

赵主任的发言亮点在于其精妙地运用了"赞同+建议+谦虚"的表达框架。首先，他对李书记的总结给予了高度认可，既展现了对上级决策的尊重，也强化了团队共识。其次，赵主任提出了"智慧党建"这一创新建议，体现了对现代技术趋势的敏锐捕捉和对党建工作现代化的积极追求。最后，他以谦虚的姿态邀请领导和同事进行反馈，展现了开放心态和团队精神，整体上彰显了体制内沟通的艺术与智慧，为推动党建工作创新提供了典范。

◎运用好补充发言"万能公式"的两个原则

运用好补充发言"万能公式"，要把握两个原则。

原则一：情境适应性

情境适应性原则意味着在不同的场合和对象面前，灵活调整"赞同""建议""谦虚"的程度与方式。例如，在面对上级时，可以更加注重表达赞同和谦虚，而在与同级或下级沟通时，则可以适当增加建议，同时保持谦虚的态度。了解并适应具体情境的需求，可以使沟通更加得体和有效。

举例

在一次关于部门年度计划的会议上，刘处长在听取了科室王主任关于下一季度工作重点的报告后，进行补充发言。

（**赞同**）王主任，您提出的关于提高服务质量和效率的几点举措，非常符合我们部门的发展方向，我对此表示完全赞同。（**建议**）考虑到我们部门面临的新挑战，我认为在服务流程优化方面，我们还可以借鉴兄弟单位的先进经验，以进一步提升我们的服务效率。（**谦虚**）当然，这是我个人的一个想法，我非常欢迎王主任和其他同事提出宝贵意见，一起探讨最合适的实施方案。

刘处长在与科室王主任沟通时，充分考虑了对方的职位和工作重点，通过高度的赞同和具体建议的提出，既体现了对王主任工作的支持，也展示了对部门整体目标的关注，最后的谦虚表态体现了对团队智慧的尊重，整个发言过程展现了对情境的高度适应性。

原则二：情感共鸣

在表达赞同时，尝试找到自己与对方观点或成就的情感连接点，让赞同不停留在表面的肯定，而是触及对方的价值观和情感需求。在提出建议时，尝试从对方的立场和利益出发，使建议更具针对性和吸引力。在表现谦虚时，真诚地表达对他人意见的重视，让对方感受到被尊重和理解，从而增进情感，产生共鸣。

举例

在年终总结大会上，人事处李处长在表彰优秀员工时，使用"赞同＋建议＋谦虚"的框架，以增强与员工之间的情感联系，特别表扬了一位入职不久但表现突出的年轻人。

（**赞同**）小张，你虽然加入我们部门不久，但你的工作态度和专业能力已经赢得了大家的一致好评，你的快速成长是整个团队的骄傲。（**建议**）我相信，随着经验的积累，你会在团队合作和项目管理方面有更大的提升，成为我们部门的中坚力量。（**谦虚**）你的活力和激情感染了我们每一个人，我也从你身上学到了很多，期待与你一起成长。

李处长在表达赞同时，触及了小张的情感需求，认可了他的努力和价值。在提出建议时，李处长从小张的立场出发，鼓励其个人发展。而在表现谦虚时，他表达出了对年轻一代的尊重和自己的学习意愿，这种情感上的共鸣加深了领导与员工之间的理解和信任。

AI提示词：

请你扮演一位区供销社党务工作者，围绕之前关于党建工作方面的发言内容，按照"赞同＋建议＋谦虚"的逻辑顺序，写一篇补充发言稿，注意把握情境适应性原则（当天有单位"一把手"和所有同事）与情感共鸣原则。字数为1200字，文风严谨，符合体制内的风格。

第 8 节　应对领导责备：主动承认错误 + 补救措施 + 后续反思

当错误或挑战来临时，我们需要在错误汇报、绩效反馈、危机管理和项目复盘等场合进行发言。在发言中应如何展现责任担当、问题解决能力和持续改进的态度，以此来增强团队信任，促进个人职业发展，并营造一个健康、开放和透明的工作环境呢？

◎ 应对领导责备"万能公式"

在承受领导责备的压力下，我们往往会陷入言语的困境，心中满是悔恨与焦虑。我们在面对指责时，内心可能一片混乱，不知所措：我们或许急于辩解，却忽略了直面问题的重要性；或者沉默以对，让误解进一步加深。缺乏清晰的沟通策略，我们可能会在解释中显得推卸责任，未能有效表达改正的诚意和行动计划，这不仅无助于问题的解决，反而可能加剧领导的不满，损害自身形象和团队的信任基础。这种沟通上的无力感，如同无形的枷锁，束缚着我们在职场中前行的脚步，成为亟待突破的痛点。运用应对领导责备"万能公式"就能解决上述问题。

应对领导责备"万能公式"如图 1-8 所示。

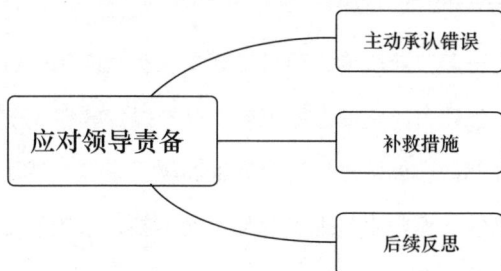

图 1-8　应对领导责备"万能公式"

主动承认错误：在领导提出责备时，应主动承认自己的错误。比如："我意识到我的疏忽，导致报告中的数据错误，我对此深感抱歉。"承认错误意味着放下防御姿态，勇于承担个人责任，展现了自身的成熟和坦诚。这种行为传递出的信息是：我尊重你的观点，重视团队的目标，愿意为我的行为负责。

补救措施：补救措施要具体。比如："我已经联系了IT部门，他们正在加班加点修复系统漏洞，确保今晚之前数据安全得到加强。"补救措施应该是实际可行的，它可以直接解决当前问题，或者可以防止同类问题再次发生。通过迅速行动，我们向领导和团队证明了自己的执行力和解决问题的能力，同时这也是对个人信誉的一种修复。

后续反思：对错误进行后续反思。这不是对过去行为的简单回顾，而是深入挖掘错误的根本原因，理解其背后的动机和情境。比如："这次事件让我认识到我们团队在数据验证流程上存在漏洞，我会提议实施双重检查制度，以防止未来类似错误的发生。"反思可以促使我们从失败中学习，识别潜在的系统性问题或个人缺失的技能，从而制订出更全面的发展计划。

场景案例

小王是一名政府机构的项目协调员，负责编制一份关于城市基础设施改善项目的年度进展报告。这份报告需在6月30日之前提交给上级部门，以便进行资金审批和项目审查。然而，由于一些不可预见的数据收集延迟和内部沟通不畅，报告的完成日期被推迟到了7月10日。

在会议中，小王的直属领导，陈局长提到了报告的延迟问题，表达了对项目管理效率的担忧，强调了按时提交文档的重要性，尤其是在政府部门中，这直接影响公共资金的合理分配和使用。

这时，小王需要即兴发言。

（**主动承认错误**）陈局长，我完全理解并接受您的批评，确实，这次报告的延迟是我的责任。我没有充分考虑到数据收集的复杂性和同事们的负担，导致了协调方面的问题。

（**补救措施**）目前，我已与所有相关部门沟通，加速了数据汇总，并加班完成了报告的编写。报告现在已经在审阅阶段，确保 7 月 10 日之前提交。同时，我也安排了专人负责跟踪数据收集过程，以避免类似情况再次发生。

（**后续反思**）这次经历让我意识到项目管理中沟通和计划的重要性。我计划引入更为严格的时间管理和跨部门协作流程，包括定期的进度汇报和风险评估，以提高我们团队的效率和响应速度。

小王的坦率和迅速的反应赢得了陈局长的理解和认可。虽然报告的延迟对整个部门产生了一定的影响，但小王展现出的积极态度和解决问题的能力，以及对未来改进的承诺，缓解了紧张的气氛，小王为团队树立了一个面对挑战时不逃避、勇于承担责任的榜样。

◎运用好应对领导责备"万能公式"的两个原则

运用好应对领导责备"万能公式"，要把握两个原则。

原则一：透明

这一原则强调在与领导交流时，要做到信息的绝对透明和情感的真实流露。在承认错误时，务必确保所有相关细节都毫无保留地呈现，包括事情的经过、个人的感受以及对后果的认知。透明的沟通，不仅能够展示你的诚实和可信，还能促进领导对情况的全面理解，为后续的讨论和决策奠定坚实的基础。

举例

在一家国有企业，市场部经理小赵因部门未能完成本季度销售目标，面临来自总经理的质询。面对压力，小赵选择运用透明的沟通策略，确保信息的透明度。

尊敬的总经理、各位同事：

（**主动承认错误**）首先，我要对本季度销售目标未能完成的情况，向大家表达最深刻的歉意。在准备今天的汇报时，我不仅仔细整理了所有的销售数据，也深入分析了业绩不达标的具体原因。

（**补救措施**）通过数据分析，我发现除了市场上竞争的加剧，我们内部也存在一些需要改进的地方。资源分配的不合理，导致我们在关键市场的投入不足，影响了销售效率。此外，我个人在预测市场趋势时出现了偏差，这也间接影响了我们的决策方向和销售策略。

（**后续反思**）我非常理解，这些不利信息可能让人感到不安，但同时我也坚信，只有正视问题，我们才能找到解决问题的方法。我在这里向大家保证，我将全力以赴，与团队一起调整策略，优化资源配置，同时加强对市场动态的监测和分析，以确保我们能够在未来取得更好的成绩。

小赵通过透明的沟通策略获得了总经理的肯定。总经理认为，小赵的坦诚有助于团队直面问题实质，而非逃避责任。这一举措非但没有削弱小赵的职业形象，反而加强了团队成员间的信任与合作，为未来的策略调整建立了坚实的信任基础。

原则二：主动进化

面对问题，采取主动进化原则至关重要。这意味着在提出补救措施时，不仅要着眼当前问题的解决，还要前瞻未来，设定个人和团队的成长目标。在后续反思阶段，应深入分析错误的根本原因，吸取教训，规划个人技能提升路径和团队工作流程优化方案。通过主动进化，将每次挑战视为成长的契机，不仅能够快速改善当前状况，还能为个人职业发展和团队效能提升开辟新道路。

举例

在某政府机关，项目协调员小林负责的公共服务项目严重延误，引起了上级部门的高度关注。因此，小林需针对相关情况进行发言。

尊敬的领导及各位同事：

（**主动承认错误**）今天，我站在这里，首先要诚恳地面对一个现实——我们的项目遇到了延期的问题，这是不容忽视的事实。对此，我深表歉意。

（**补救措施**）在意识到项目延期后，我们立刻着手制定了补救措施，以确保我们能够尽快回到正轨。首先，我们决定增派人力，特别是那些在关键领域拥有丰富经验的同事，以加快项目进度。其次，我们正在优化工作流程，消除冗余环节，提升工作效率。最后，我们还计划引入外部专家，就项目中遇到的技术难点进行咨询，以获取更专业的建议。

（**后续反思**）对此，我们已经开始规划项目后的反思机制，以避免类似问题在未来重演。我们将建立定期的进度审查机制，确保项目始终保持在正确的轨道上。同时，我们计划构建一套风险预警体系，提前识别潜在问题，做到防患于未然。另外，我个人也认识到，我在项目管理方面还有提升空间，因此我将参加相关的培训课程，提升自身的项目管理能力，以更好地服务于团队和项目。

最后，再次谢谢大家的理解与支持，让我们携手前进！

小林展现的主动进化态度受到了上级的高度评价。通过及时纠正现有问题并规划长期改进机制，小林不仅有效挽回了团队的正面形象，还显著提高了自身在团队中的影响力，为项目注入了新的动力和提供了新的方向。小林的前瞻思维和果断行动，成为团队克服障碍、迈向目标的关键驱动力。

AI提示词：

目前有一个公共服务项目的事件，主要问题是延期，补救措施是增派人力、优化流程、引入专家，后续反思是进度审查、风险预警、提升能力，请你按照"主动承认错误＋补救措施＋后续反思"的逻辑顺序，在被领导责备时，进行发言，注意把握透明和主动进化两个原则。字数为1200字，文风严谨，符合体制内的风格。

向上沟通实战演练：纸上剧场

在体制内的环境中，沟通至关重要，尤其是在与上级的互动中。让我们通过一个虚构的场景，将上述八个沟通技巧融入一个连贯的故事中，以展示如何在体制内向上沟通。

场景设定：你（角色名：林静）是一名在经济和信息化局工作的职员，正参与一项旨在促进当地经济发展的重要项目。今天，你将经历一系列向上沟通的情境，从表达观点到应对领导责备，全面展现沟通艺术。

步骤指南：第一，了解整个项目的背景和你的角色定位；第二，针对每种情况，提前思考并准备好相应的沟通策略；第三，你可以单独进行演练，也可以邀请同事参与，互相扮演对方的角色；第四，完成每个情景后，请回顾自己的表现，思考哪些方面做得好，哪些方面还需要改进，并尝试再次演练；第五，全面评价自己在整个过程中的表现，总结经验教训，为未来的实际沟通打下坚实的基础。

早晨会议——表达观点："PREP"结构

在早晨的部门例会上，林静被要求分享她对如何吸引更多外资企业的观点。"各位领导，我相信我们可以通过优化营商环境吸引更多的外资企业（Point：观点）。理由是，国际资本总是倾向于稳定且友好的商业环境（Reason：理由）。例如，新加坡之所以能成为亚洲的金融中心，就在于其开放的政策和高效的行政服务（Example：事例）。因此，我建议我们应重点改善政府服务，简化企业注册流程，以及提供税收优惠（Point：重申观点）。"

上午——报告进度：现状—进度—问题—方法—规划

在与领导的专题会议中，林静详细报告了项目进展情况。"目前，我们已经完成了项目初期的市场调研，进展良好，比原计划提前了两周（**现状、进度**）。然而，我们遇到了资金调配上的困难（**问题**），正在积极协调财务部门，以确保资金及时到位（**方法**）。下一步，我们将启动与目标企业的初步接触，预计在下个月完成第一轮谈判（**规划**）。"

午餐前——工作汇报：要点、特点、闪光点

午餐前，林静向局长汇报了她的工作。"局长，我的工作主要集中在吸引外资方面（**要点**）。我采用了数据分析的方法，精准定位目标企业（**特点**）。值得一提的是，我们已经成功吸引了一家世界500强企业，它向我们表达了合作意向（**闪光点**），这对我们项目的推动具有重要意义。"

下午——解读政策：黄金法则——Why、How、What

在下午的政策研讨会上，林静负责解读最新的外商投资政策。"我们为什么要调整外商投资政策？是为了刺激经济增长，吸引外资（**Why：为何**）。具体怎么实施？通过简化审批流程，提供税收减免和用地优惠（**How：如何**）。具体而言，新政策将降低外资企业的准入门槛，加速项目落地（**What：什么**）。"

晚餐前——反馈问题：问题导向模型——问题—原因—对策—结果

餐前，林静在与局长的私下会谈中反馈了一个关键问题。"局长，我们面临的问题是部分企业反映政策执行不一致（**问题**），原因是地方政策与中央政策存在冲突（**原因**）。我建议，组织一次跨部门研讨会，统一政策执行标准（**对策**），预计这将大大提高政策的透明度和

执行力（**结果**）。"

晚餐会——会议发言：铺+观+问+论+总

在晚宴上的小型圆桌会议上，林静被邀请发言。"各位领导，让我们先回顾一下今年的经济发展数据（**铺**）。我观察到，第二季度的 GDP 增长率有所下滑（**观**）。我想问的是，我们是否有足够的措施来应对这一趋势（**问**）。我认为，我们应该加大基础设施建设的投资，以拉动经济增长（**论**）。总的来说，我们需要一个全面的经济刺激计划，以确保年度目标的实现（**总**）。"

晚餐后——补充发言：赞同+建议+谦虚

晚餐后，林静收到局长的电子邮件，邀请她对一项提案发表意见。"局长，我完全赞同您的观点，认为我们需要更加注重环保和可持续发展（**赞同**）。同时，我建议我们也可以考虑引入绿色能源项目，以吸引环保型外资企业（**建议**）。当然，这些都是初步的想法，希望能得到您的指导（**谦虚**）。"

到家——应对领导责备：主动承认错误+补救措施+后续反思

到家后，林静接了一个电话，得知她在一次项目报告中遗漏了关键数据。"局长，我对此事深感歉意，确实是我工作上的疏忽（**主动承认错误**）。我会重新整理数据，明天将提交完整的报告（**补救措施**）。今后，我会更加仔细检查所有文件，避免类似错误再次发生（**后续反思**）。"

在一系列的沟通场景中，林静展现了其在体制内向上沟通的能力，不仅表达了观点，报告了工作进展，还妥善处理了问题和应对领导的责备，展现了较强的专业性和责任感。这不仅有助于她个人的职业发展，也为整个团队和项目的成功做出了贡献。

第2章

平行沟通：洞悉需求，超越90%的同行

本章通过"4W+H""4W+R"法则等为部门会议发言和同级协调提供结构化框架，并介绍了清晰表达立场、提供建议及处理意见分歧的方法。同时，也探讨了如何请求帮助与接受夸奖，以促进团队合作和支持。这些内容旨在提升职场平行沟通能力，实现同频共振。

第1节　部门会议发言："4W+H"法则

在体制内的平行沟通中，部门会议是用来进行信息传递和任务分配的，所有参会者只有清楚地了解会议的目的、内容，才能明确各自的责任归属、项目时间安排以及执行方式，从而提高工作效率和团队凝聚力。那如何才能确保信息传递准确、任务分配高效，进而共同推进工作目标的实现呢？

◎部门会议"万能公式"

想象你正在参加部门例会，会议过程中，有人对着精美PPT照本

宜科，有人讲了半天仍然没有重点，而你注意到领导在频繁看表——这不是沟通现场，而是典型的时间黑洞。要破解这种困境，我们需要抓住关键：作为参会者如何有效表达，才能把事情讲清楚，并且对方能听明白。运用部门会议"万能公式"就能解决这些问题。

部门会议"万能公式"如图 2-1 所示。

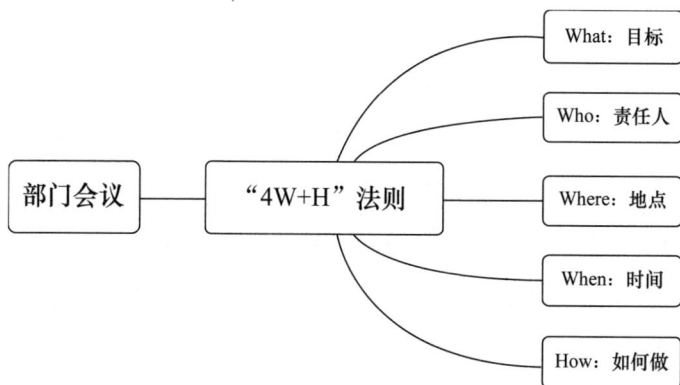

部门会议 —— "4W+H" 法则

- What：目标
- Who：责任人
- Where：地点
- When：时间
- How：如何做

图 2-1　部门会议"万能公式"

What（目标）：会议的目标，需要在会议之前就被明确界定。比如："本次部门会议的议题集中于年度预算规划与执行情况审查，旨在明确下一季度的财务目标与策略。"通过准备详细的议程，列出需讨论的事项和预期达成的共识，确保所有参与者对会议目标有共同的认识，从而引导会议讨论的方向，使重要议题得到充分的关注。

Who（责任人）：每位参会者在某一个工作项目中的角色都至关重要，需要在发言前提前确定好谁是责任人。例如："由张主任担任本次项目的总指挥，各部门负责人将按照各自科室的职能履职。"这样的安排有助于确保每项议题都有对应的责任人参与讨论，并做好相应的准备。

Where（地点）：我们需要考虑到地点的全面性，这样才能更好地提前对接各个点位。例如："本次工作涉及全区所有的乡镇街道，请各个部门相应地提前对接此项工作，以确保每个地点都能提前规划。"

When（时间）：确定整个项目的时间节点，以及每一阶段的具体时间安排。例如："我们必须在下周一之前完成所有项目的初步设计与成本估算，所有的基础设施建设应在十月中旬前完成，以便于年底进行验收和投入使用。"这样才有助于每个部门规划工作安排，避免拖延影响后续的日程。

How（如何做）：最后，关于具体的执行方法，包括项目从开始到结束的整个过程，都需要提前规划好。例如："我们将以公开招标的方式选择承包商，同时定期召开调度会议，确保项目按质按量完成。"此外，还需设定具体的预期成果，并制定后续跟进措施，如下次会议安排等，以确保会议决策得到落实。

场景案例

来自住房和城乡建设局的项目协调专员李峰，在内部会议上发言。

尊敬的各位领导、同事：

大家好！

我是来自住房和城乡建设局的项目协调专员——李峰。今天，我们聚集在这里，是为了共同商讨并制订2024年度下半年的城市基础设施建设与社区发展计划。

（What：目标）首先，我们的主要目标是优化城市交通网络，提升公共设施水平，以及促进社区可持续发展。具体而言，我们要在年底前完成三条主要道路的扩建工程，启动五个社区公园的翻新项目，并推进智能电网的铺设，以支持新能源汽车充电桩的建设。

（Who：责任人）其次，我们将按照以下分工推进工作。项目管理办公室将负责整体协调，工程处、环境规划处、社区服务处以及财务审计处将分别承担各自领域的具体任务。我将作为项目协调专员，确保跨部门之间的沟通顺畅，任何问题都能得到及时解决。

（Where：地点）再次，我们将集中资源在市中心的交通瓶颈区域，以及人口密集的住宅区。此外，我们还将特别关注边缘社区，确保城市发展的均衡性。

（When：时间）大家需要注意的是，我们必须在下周一之前完成所有项目的初步设计与成本估算。随后，工程处将在八月初开始施工准备，而社区服务处将同步启动公众意见征询。所有的基础设施建设应在十二月中旬前完成，以便于年底进行验收和投入使用。

（How：如何做）最后，我们将采用公开招标的方式选择承包商，确保透明度和公平性。项目管理办公室将定期召开进度会议，监督施工质量与安全。

各位同仁，我们的目标是宏伟的，但我们有决心、有能力去实现它。通过今天的会议，我们已经清晰地界定了项目的任务、责任人、地点、时间以及执行策略。让我们团结一致，共同为城市的美好未来贡献力量。

再次感谢大家的出席和积极参与，让我们现在开始小组讨论，细化每一个环节，确保我们的计划万无一失。

谢谢大家！

李峰的发言展现了一次具有典范性的部门会议引导，他巧妙地运用了"4W+H"法则，清晰地勾勒出了2024年度下半年城市基础设施建设与社区发展计划的蓝图。从目标设定到责任分配，从地点选定到时间规划，再到执行策略的详述，李峰确保了每一个细节都得到了充分的考虑与规划。

◎运用好部门会议"万能公式"的两个原则

运用好部门会议"万能公式"，要把握两个原则。

原则一：达成共识

这一原则强调在确定"4W+H"的每一个要素时，团队成员之间应进行充分的沟通与协商，确保对任务的目标、执行方式、时间安排、地点选择以及责任分配达成一致意见。通过平等对话和平级审议，每个参与者都能表达自己的观点，形成对项目的全面理解，从而在团队中形成统一的行动方向和目标共识。

举例

在某地方政府部门，为了制定一项新的环保政策，环保局、经济和信息化委员会、住房和城乡建设局等多个相关部门被召集在一起。会议召集人进行讲话。

尊敬的各位同事：

大家好！

（What：目标）今天我们齐聚在行政中心三楼会议室，共同探讨新环保政策的核心目标：平衡环境保护与经济发展，提升社会福祉。（Who：责任人）环保局、经济和信息化委员会、住房和城乡建设局的专家们，你们的贡献至关重要。（Where：地点）我们要开展这项工作的具体地点将覆盖全区，包括城区的工业园区和商业区、农村地区的农业面源污染治理、河流湖泊周边的水域保护，以及居民区的垃圾分类和低碳生活推广。（When：时间）过去几周，我们通过多次深入讨论为政策制定打下了坚实基础。（How：如何做）通过倾听与沟通，我们实现了协同共识，找到了最佳实践路径，这份共识将会指导我们在这些关键地点如何具体行动，确保政策覆盖城市的各个角落。

谢谢大家！

在政策制定初期，通过"4W+H"框架的引导，各部门首先就政策的目标、实施范围、时间表、责任分配以及执行策略进行了深入讨论。这一过程涉及多次跨部门会议，每个部门都有机会提出自己的专业见解和潜在担忧，如环保局关注污染控制标准，经济和信息化委员会考虑对当地企业的影响，住房和城乡建设局则侧重于城市发展计划的兼容性。通过反复协商和调整，最终形成了一个得到广泛支持的政策草案。

原则二：信息共享

在平级沟通中，信息共享是至关重要的。这意味着在"4W+H"框架下的所有信息，包括项目细节、进度更新、资源分配和潜在挑战，都应被及时且广泛地分享给所有相关方。信息的无障碍流通有助于预防误解和冲突，促进团队成员之间的相互支持，确保每个人都能基于最新、最完整的信息做出决策，共同推动项目向前发展。

举例

面对突如其来的自然灾害，应急响应指挥部建立了高效的信息共享机制，确保了每个部门都能及时掌握现场情况。事后，应急响应指挥部召开部门会议。会议召集人员进行讲话。

尊敬的各位同事：

大家好！

（What：目标）面对自然灾害，我们的目标是迅速响应，保障市民安全，恢复生活秩序。（Who：责任人）应急响应指挥部，尤其是应急管理局、卫生局、民政局和交通运输局的成员，你们的专业行动展现了团队的力量。（Where：地点）在灾区前线，我们通过共享平台，实现了信息的实时交流和资源的精准调度。（When：时间）在过去的几天里，我们迅速行动，展现了政府机构的应急速度和效率。（How：如何做）通过建立高效的信息共享机制，我们确保了各部门能够及时反应，协同作战，有效地减轻了灾害影响。

最后，我要感谢每一位工作人员的辛勤付出，是你们的无私奉献，让受灾群众感受到了温暖和希望。让我们继续坚守岗位，直到最后一刻，确保每一位市民的安全，并让他们的生活恢复正常。

以上发言清晰地概述了应急响应过程中的关键要素，突出了"4W+H"法则在实际操作中的应用，以及团队合作和信息共享在处理紧急情况时的重要性。

AI提示词：

请你扮演一位基层党组织书记，围绕第四季度的党建工作召开会议，按照"部门会议：'4W+H'法则"的框架，进行发言，注意把握达成共识和信息共享两个原则。字数为1200字，文风严谨，符合体制内的风格。

第 2 节　同级协调："4W+R"法则

在体制内，同级协调主要集中在跨部门协作、项目管理、政策制定与执行、突发事件响应以及日常工作流程优化等关键领域。那如何才能确保每一项决策和行动都有据可依，每一名参与者都清晰地认识到自己的职责和目标，从而提高体制内组织的响应速度和执行力度，最终实现组织目标的高效达成呢？

◎同级协调"万能公式"

在同级中协调工作时，我们常常会遇到这样的问题：信息孤岛导致资源浪费，责任模糊引发推诿扯皮，僵化流程难以应对变化，目标冲突削弱团队合力，以及反馈机制缺失挫伤工作积极性。这些问题若不解决，将严重影响组织效率与团队士气，甚至损害公共利益。因此，急需优化沟通、明确职责、灵活调整流程、统一目标与健全反馈机制，以提升整体效能。运用同级协调"万能公式"就能解决这些问题。

同级协调"万能公式"如图2-2所示。

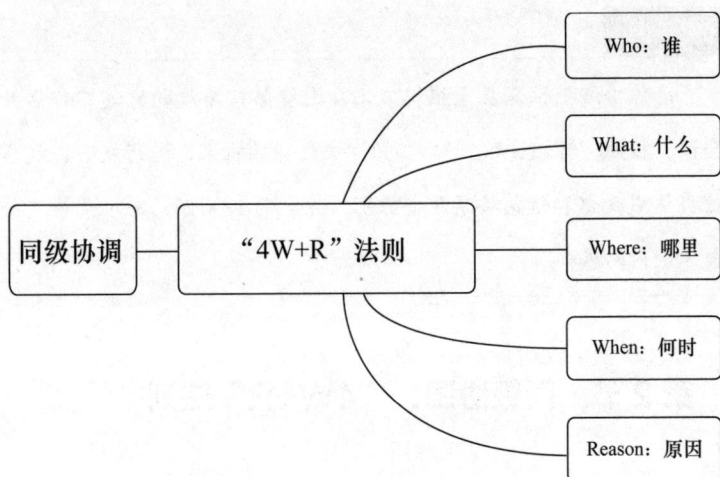

图2-2 同级协调"万能公式"

Who（谁）：参与某一事项的所有相关方，包括个人、团队或部门。比如："区委组织部与区人力资源和社会保障局作为参与方，需共同完成人才引进计划的制定与实施。"这一要素的明确化，能确保所有参与方了解自己在协调过程中的角色和责任，从而避免任务的重叠或遗漏，保证沟通渠道的畅通和信息的准确传达。

What（什么）：需要执行的具体任务、项目或议题。比如："制定并实施 2024 年度公务员培训计划，包括培训的目标、课程设置、预期成果等。"这一要素要求详细描述工作内容、目标和预期成果，以便所有相关方对所需完成的任务有一个全面而清晰的认识，确保每一个步骤都符合既定目标，避免执行过程中的偏差，同时为后续的评估和改进提供明确的标准。

Where（哪里）：活动、会议或项目实施的具体地点。比如："本次会议在区会议中心三楼会议室召开，确保所有相关人员准时到达指定位置。"这一要素的确定，对确保所有参与者能够在正确的时间到达正确的位置至关重要。无论是实体空间还是虚拟平台，明确的地点信息都有助于避免时间和资源的浪费，确保活动、会议或项目的顺利进行。

When（何时）：任务启动、执行和完成的时间点或时间框架。比如："2024 年 8 月 1 日至 9 月 30 日完成所有培训课程的筹备工作，确保各项准备工作能在预定时间内完成。"这一要素确保了工作计划的时效性，有助于协调各方的日程安排，使所有相关方能够围绕共同的时间线同步行动。

Reason（原因）：采取某一行动或实施某项政策的根本原因。比如："为了进一步提升公务员队伍的专业素养和行政效能，适应新时代服务型政府建设的需求。"这一要素的阐述，有助于所有参与者理解行动或政策背后的战略考量和价值取向，激发其内在的动力和认同感，有助于形成共同愿景，促进组织目标的实现。

📋 场景案例

区委组织部干训股股长王明，在与区委党校商议2024年干部培训的筹备会议上发言。

尊敬的各位领导、同志们：

今日，我代表区委组织部干训股，荣幸地在这里与区委党校的各位同志共同商议2024年干部培训的筹备工作。我将详细阐述我们的工作计划与期望，以期达成共识与协作。

（Who：谁）第一，本次培训筹备工作将由区委组织部干训股与区委党校共同完成，双方将分别安排联系人，建立联合工作组，确保信息的及时沟通与决策的快速响应。我们邀请了区委党校培训部的张主任担任党校方面的负责人，而本人将代表区委组织部，作为组织部方面的联络人，共同推动培训计划的顺利实施。

（What：什么）第二，我们将要执行的任务如下。2024年的干部培训计划旨在全面提升我区干部的政治理论水平、业务能力和职业道德素养，特别强调对年轻干部的培养，计划涵盖党的理论教育、党性教育、知识教育、履职能力提升等多个模块。同时，结合当前国家政策导向和地方发展需求，设计一系列专题讲座、案例分析、实地考察和互动研讨，力求理论与实践相结合，提升培训实效。

（Where：哪里）第三，培训地点拟定为区委党校，利用其先进的教学设施和宽敞的教室，为学员们创造一个利于学习的环境。同时，考虑到培训内容的多样性和实践性，我们还将组织部分现场教学活动，前往区内重点企业和乡村进行实地考察。

（When：何时）第四，培训的启动时间定于2024年3月初，上半年和下半年各计划完成70%和30%的培训任务，培训时尽量考虑到干部的日常工作，二者兼顾，确保培训按期顺利开展。

（Reason：原因）第五，在新时代背景下，面对复杂多变的国内外形势，提升干部素质已成为推动地方经济社会发展的关键。系统的培训旨在打造一支政治过硬、本领高强、作风优良的干部队伍，为实现我区高质量发展目标奠定坚实的人才基础。

在此，我谨代表区委组织部干训股，诚挚邀请区委党校的各位领导、同志，与我们共同推进2024年干部培训筹备工作，确保其顺利进行。我们期待与大家携手，为建设高素质专业化干部队伍做出积极贡献。

谢谢大家！

王明股长在发言中巧妙地运用了"4W+R"法则，确保了信息传达的全面性与准确性，展现了体制内沟通的高效与规范。

◎运用好同级协调"万能公式"的两个原则

运用好同级协调"万能公式"，要把握两个原则。

原则一：全面性

在协调过程中，不仅要关注"4W+R"的表面信息，还要考虑潜在影响和关联因素。协调过程中，在确定"Who"时，不仅要列出直接参与者，还应考虑间接利益相关者；在描述"What"时，除了具体任务，还应包括预期结果和可能的风险；在"Where"和"When"上，应考虑交通、日程冲突等因素；而在解释"Reason"时，除了直接目的，还应考虑长远目标和战略意义。

举例 ✎ ————————————————

在区委宣传部与区文化广播电视和旅游局联合举办的文化节筹备协调会议上，区委宣传部副部长发言。

尊敬的各位领导、同志们：

今日，我们齐聚于此，共同筹划"××市××区文化节"（以下简称"文化节"）的筹备工作。

（Who：谁）这次活动，我们不仅邀请了直接组织者——区委宣传部与区文化广播电视和旅游局，更广泛纳入了区公安局、区城管局、区卫生局等单位，以构建全方位安全保障体系。

（What：什么）文化节包括文艺表演、非遗展览、美食街等亮点，同时，我们已预估人流量，准备了详尽的应急方案。

（Where：哪里）活动选址于江畔市民广场，考虑到交通便捷，我们已与交通部门协调，规划了临时停车场并调整了公交线路，确保来宾畅行无阻。

（When：何时）文化节定于国庆假期，提前一个月发布预告，避免与其他活动日程冲突，力求公众广泛参与。

（Reason：原因）文化节旨在弘扬地方文化，丰富群众生活，更着眼于提升城市形象，拉动旅游经济，实现文化与经济双丰收。

最后，期待与诸位携手，共创盛会，彰显××区文化魅力。谢谢大家！

通过全面性原则的应用，区委宣传部与区文化广播电视和旅游局确保了文化节筹备工作的周密性和前瞻性，体现了体制内协调工作中的严谨态度和全局观念。

原则二：反馈循环

反馈循环原则要求在协调的各个阶段，建立有效的反馈机制，确保信息的双向流动。通过定期收集参与者的反馈，可以及时发现问题、纠正偏差，并对"4W+R"框架进行必要的优化。这种持续的反馈循环有助于提高协调效率，促进团队成员之间的信任和协作，确保协调目标的顺利实现。

举例

区委办公室冯主任在"智慧社区"项目工作推进会上进行发言。

尊敬的各位领导、同志们：

大家好！

在去年的"智慧社区"项目中，我们成功应对了初期遇到的挑战。起初，尽管详细规划了项目细节，但在执行过程中还是出现了与居民沟通不畅、设备安装进度滞后等问题。

为解决这些问题，我们迅速建立了项目协调小组，定期召开碰头会，邀请社区居民、项目组成员和供应商参与，确保信息多方流通。通过持续收集和分析各方反馈，我们及时调整了施工时间，优化了沟通策略，并增设了现场协调专员。这些措施形成了有效的反馈-调整循环，显著提升了项目执行效率。

最终，"智慧社区"项目不仅如期完成，还赢得了居民的高度评价。这一案例证明了反馈-循环的价值——它帮助我们及时发现问题、纠正偏差，增强了团队间的信任与协作。

为继续发挥这一优势，我们将：

保持开放的态度，鼓励各方积极参与反馈；

建立常态化的反馈机制，形成定期反馈的习惯；

快速响应并调整，确保问题得到及时解决。

谢谢大家！

冯主任通过分享"智慧社区"项目的成功案例，不仅展现了反馈循环原则对提升协作效率、确保项目目标实现的显著效果，更凸显了体制内团队在面对挑战时的应变能力和创新思维，激励我们要更加注重沟通与反馈。

AI提示词：

请你扮演区委组织部干训股股长，在与区委党校商议2024年干部培训的筹备会议上发言中，按照"同级协调：'4W+R'法则"的框架，进行发言。字数为1200字，文风严谨，符合体制内的风格。

第 3 节 讨论方案：立场 + 方案 + 好处

日常工作中，有太多类似于跨部门会议、团队内部讨论、问题解决会议等场合。在这些场合，我们需要通过清晰表达立场，提出具体方案，从而增进相互理解，促进跨部门合作，加快决策过程，同时显著减少因沟通不畅而引发的冲突，并突出方案实施后可能带来的积极影响，有效地促进沟通与协作。

◎**讨论方案"万能公式"**

在体制内的平行沟通中，讨论方案往往能直击核心管理问题。首先，信息不对称现象普遍，各职能部门之间信息流通不畅，决策者难以获取全面、及时的数据，影响决策质量。加之利益冲突频发，不同部门基于自身利益考量，可能对共同目标产生分歧，阻碍合作进程。其次，责任归属模糊不清，当遇到问题时，容易导致推诿扯皮，方案执行受阻。沟通障碍也是不容忽视的问题，专业术语的使用和行业壁垒的存在，常常让信息传递失真，影响各方对方案的准确理解和接纳。运用讨论方案"万能公式"就能解决这些问题。

讨论方案"万能公式"如图 2-3 所示。

立场：在讨论开始时，清晰明确地阐述自己或代表部门的观点、需求和期望。比如："考虑到近期数据安全事件频发，信息技术部认为强化网络安全措施已刻不容缓，以维护各项信息资产的安全。"在体制

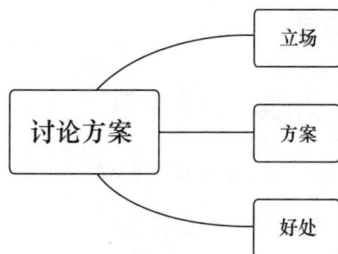

图 2-3 讨论方案"万能公式"

内，这一步骤至关重要，因为它确保了所有参与者对讨论议题的背景和目的有共同的理解。明确立场有助于避免后续讨论中的误解和混淆，为后续方案的提出奠定基础。

方案：提出的具体的行动计划或解决方案，以应对讨论议题。比如："我们建议立即启动'网络防护升级计划'，包括部署先进的防火墙技术、定期进行所有同志安全培训和建立应急响应机制，以全面提升我们的网络防御能力。"在体制内，方案应当经过深思熟虑，考虑政策、资源、时间和合规性等多方面因素。一个精心设计的方案不仅需要解决当前问题，还应具有长期效应，确保与组织的整体战略和目标相一致。

好处：明确列出所提议方案将带来的正面影响和益处。比如："通过实施上述计划，我们将显著降低数据泄露的风险，保护敏感信息免受外部威胁，同时提高公众对各个单位的信任度。"好处包括但不限于成本节约、效率提升、风险降低、服务改善或市场竞争力增强等。在体制内，强调好处对获得高层支持、激励跨部门协作以及调动团队积极性至关重要。清楚地展示方案的好处，能够促使决策者和利益相关者看到方案的价值，从而提高方案被采纳和执行的可能性。

📋 场景案例

某县市场监督管理局刘局长在全市专题会议中，围绕特种设备监管工作进行发言。

尊敬的市领导、各位同事：

在这次全市特种设备监管工作专题会议上，我深感荣幸能与各位共聚一堂，探讨关乎人民生命财产安全的重大议题。（立场）鉴于当前特种设备监管工作面临的挑战，我认为，我们肩负着不可推卸的责任，需以更加主动的姿态，守护每一寸安宁。在此背景下，我愿与大家分享一套全面而系统的监管方案，旨在构建一个稳固的特种设备安全网。

（方案）面对特种设备安全监管的严峻形势，我们不能满足于现状，而应以前瞻性的视野，制定并实施一系列针对性措施。首先，我提议引入物联网、大数据等前沿科技，打造智能化监控平台，实现对特种设备运行状态的实时监测与预警。其次，强化操作人员的安全培训，定期开设专业课程，提升他们的安全意识与应急处理能力，确保每位工作人员都能成为特种设备安全的第一道防线。再次，严格执行国家和地方相关法律法规，加大执法力度，对任何违规操作实行零容忍，以此树立法律权威，维护市场秩序。最后，构建社会共治机制，加强与企业、社区、学校的沟通协作，普及特种设备安全知识，形成全社会共同参与的安全文化。

（好处）实施这一方案，将带来显著成效。一方面，它能显著降低特种设备事故率，有效保护人民群众的生命财产安全，增强社会对政府监管工作的信心；另一方面，它能推动企业自觉遵守安全标准，提升行业整体安全水平，同时，培养一批具备高水平操作技能和安全素养的专业人才，为特种设备行业的可持续发展提供坚实的人才支撑。更重要的是，通过高效监管和积极预防，我们将营造一个安全稳定的社会环境，为地方经济社会的繁荣发展提供有力保障，彰显政府治理能力与公信力。

尊敬的领导、各位同事，特种设备监管工作是一项系统工程，需要我们上下一心，共同努力。让我们以此次会议为契机，将讨论转化为行动，将愿景转化为现实，为构建更加安全、和谐的社会贡献我们的智慧与力量。

谢谢大家！

刘局长的发言稿采用了"立场+方案+好处"的逻辑框架，连贯且流畅地体现了体制内发言的严谨性和对特种设备监管工作重要性的深刻认识。

◎运用好讨论方案"万能公式"的两个原则

运用好讨论方案"万能公式"，要把握两个原则。

原则一：共赢思维

在体制内，各方往往拥有不同的目标和资源，共赢思维原则即寻找能够同时满足多方需求的解决方案。这要求在讨论方案时，不仅要考虑自身立场和利益，也要积极寻求与对方利益的交集，设计出既能解决问题又能符合共同利益的方案。

举例

某政府部门正在进行一项城市绿化项目的规划，该项目需要城市规划局、财政局、环保局以及园林绿化部门共同协作。在一次跨部门协调会议上，城市规划局提出了初步设计方案，但由于预算有限，财政局表示担忧。

城市规划局负责人："（**立场**）我们理解财政局的预算压力，同时也意识到绿化项目对城市生态和居民生活质量的重要性。（**方案**）我们提议，可以先集中资源在人流量较大的核心区域开展城市绿化项目，（**好处**）这样既能迅速提升城市形象，又能有效吸引更多的商业投资，从而在未来几年内逐步扩大项目覆盖范围。"

财政局负责人："（**立场**）城市规划局的建议很有建设性，我们同意优先考虑高流量区域。（**方案**）为了确保项目的可持续性，我们提议引入 PPP（Public-Private Partnership）模式，即政府与私营部门合作，分担成本并共享收益。（**好处**）这样既能减轻财政负担，也能吸引民间资本参与城市建设。"

在这个例子中，两个部门具有共赢思维，寻找了一个既能满足城市绿化需求，又能减轻财政负担的方案。

原则二：主动倾听与反馈

主动倾听不是只听别人说什么，而是要全身心投入，理解对方的立场、情感和未言明的假设，这要求我们在沟通时给予对方充分的关注，通过提问和重复确认来表明我们正在理解和处理信息。主动倾听有助于获取信任，减少误解。

反馈则是沟通的另一面，它涉及清晰、诚恳地表达自己的想法和感受。在体制内，提供建设性的反馈可以帮助改进方案，同时也表明你对团队合作的重视。正确的反馈应该具体、客观，避免个人攻击，专注于行为和结果。

举例 ✏

在一场关于行政审批局窗口部门提升服务质量的部门内部会议上，部门负责人注意到一些同志对新推行的服务标准感到困惑和有压力。

部门负责人："我注意到几位同志对新服务标准有些疑虑，你们能否具体说明一下遇到的困难和担忧？这样我们才能更好地理解问题所在，共同寻找解决方案。"

李燕："我觉得新标准要求我们回应群众的时间太短了，有时候处理复杂问题需要更多时间。"

部门负责人："感谢你的反馈，李燕。确实，保证服务质量的同时，响应速度也很重要。我们可以考虑为复杂问题设置一个特殊通道，这样既可以保证服务质量，又可以满足标准。大家怎么看这个建议？"

通过主动倾听，部门负责人了解到了具体问题，并给予了及时的反馈和解决方案，这不仅解决了实际问题，也提高了部门的凝聚力和员工的满意度。

AI提示词：

请你扮演某县市场监督管理局局长，在全市专题会议上，围绕特种设备监管工作，遵循"讨论方案：立场＋方案＋好处"这一表达框架，进行发言。字数为1200字，文风严谨，符合体制内风格。

第 4 节　提供建议：观点 + 原因 + 案例 + 总结

跨部门协同解决复杂问题的情境，也是时常发生的。于是，我们需要构建一个有理有据、条理清晰的沟通模式，提高建议的说服力和接受度。明确表达观点，详细分析背后的原因，列出相关案例并总结行动的迫切性，促使相关部门认识到问题的严重性，加速决策过程，促进跨部门之间的理解和协作，共同寻找解决方案，最终实现体制内资源的有效整合和优化配置。

◎ **提供建议"万能公式"**

在体制内的平行沟通中，信息孤岛效应、责任界定模糊、资源分配不均衡以及决策过程的繁复延滞是常见的沟通困境。信息孤岛效应削弱了全面评估和解决问题的能力；责任界定模糊影响问题的及时解决；资源分配不均衡则造成某些关键领域的投入不足；决策过程的繁复延滞源于体制内复杂的审批流程和多级协商机制，这往往导致决策速度缓慢，无法对紧急情况做出迅速反应，进而影响整体的效率和公众服务的质量。运用提供建议"万能公式"就能解决这些问题。

提供建议"万能公式"如图 2-4 所示。

观点：建议或主张的直接陈述，应该简洁明了，让听众

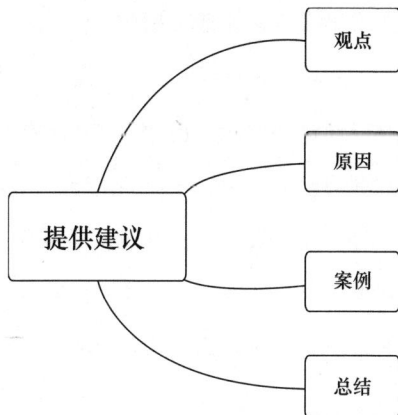

图 2-4　提供建议"万能公式"

或读者立刻知道你想要他们做什么或考虑什么。比如："本部门建议立即成立跨部门联合工作组，以优化公共行政服务流程，提升市民满意度。"观点是整个建议的核心，应当放在最前面，以便引起听众或读者的注意。

原因：在提出观点之后，你需要解释为什么这个建议是有价值的或者为什么它应该被采纳。比如："目前的服务流程复杂冗长，导致市民等待时间过长，满意度下降，这已影响到政府形象和公共服务效率。"原因可以包括数据分析、逻辑推理、行业趋势或是潜在的利益点。这部分是为了增强观点说服力，证明建议是基于充分思考和研究的。

案例：具体的例子或先前的成功案例，用来进一步支撑你的观点。比如："邻市最近实施的类似项目已将行政服务办理时间缩短了40%，显著提升了市民的满意度。"案例可以是历史数据、其他组织的经验、市场研究结果或个人经验。它们能帮助听众或读者更好地理解你的建议及其可能带来的好处。

总结：对建议的再次强调，重申观点和关键理由，以及为什么采取行动是必要的。比如："鉴于提升公共服务效率的迫切需求和成功案例的启示，我们呼吁迅速行动，通过成立跨部门联合工作组来精简流程，共同致力于提高政府服务质量和市民满意度。"总结应该简洁有力，旨在巩固你的立场，并鼓励对方采取下一步行动。它可以包括你希望对方如何响应的明确请求，如安排会议、提供反馈或直接实施建议。

场景案例

某市公安局赵局长在反电信诈骗工作会议上进行发言。

尊敬的各位领导、同志们：

面对当前电信诈骗案件频发的严峻形势，作为公共安全维护者，我们肩负着守护人民群众财产安全的重大责任。在此，我提出如下建议，旨在加强反电信诈骗机制，共同维护社会稳定。

（观点）我建议我们建立一个跨部门联动的反电信诈骗中心，集预防、打击、教育于一体，以系统性地应对电信诈骗犯罪。

（原因）近年来，电信诈骗手段不断翻新，犯罪分子利用高科技手段实施诈骗，给受害者的财产造成了巨大损失，同时也严重扰乱了社会秩序。当前，虽然各部门都在各自职责范围内开展反诈工作，但由于缺乏统一协调，因此信息共享不及时、资源分配不合理，难以形成合力，应对效率有待提高。

（案例）以 A 市为例，自去年以来，A 市公安机关与银行、通信运营商、互联网公司等单位密切合作，建立了联动预警机制，一旦发现疑似诈骗行为，可迅速冻结账户、拦截信息，有效阻止了多起诈骗案件的发生，挽回经济损失数百万元。这一案例表明，跨部门联动在反电信诈骗工作中具有显著成效。

（总结）鉴于电信诈骗的复杂性和危害性，以及 A 市联动机制的成功实践，我呼吁我们借鉴 A 市经验，建立一个涵盖公安、金融监管、通信管理等部门的反电信诈骗中心。该中心应具备快速响应、信息共享、联合执法等功能，通过加强部门间协作，形成打击电信诈骗的合力，切实保护人民群众的财产安全，维护社会和谐稳定。

让我们共同努力，以实际行动回应人民群众对安全的期待，构建更加安全、和谐的社会环境。

谨此献言，期待与各位同仁共同推进反电信诈骗工作，为建设平安社会做出贡献。

谢谢大家！

赵局长的发言专业、严谨、有说服力，很好地适应了平行沟通中提供建议的要求，有效地传达了他的观点，促使听众进行思考和采取行动。

◎运用好提供建议"万能公式"的两个原则

运用好提供建议"万能公式"，要把握两个原则。

原则一：**精准定位**

提出建议之前，建议者必须清楚地了解自己所处的体制内环境、沟通对象的角色与立场，以及建议可能涉及的利益相关方。这要求建议者进行充分的调研和分析，确保建议具有针对性和可行性。

举例

在某市级政府机关，教育部门注意到近年来青少年心理健康问题日益突出，而学校心理健康教育与辅导资源相对匮乏。教育部门计划与卫生部门合作，提升学校心理健康服务水平。

尊敬的卫生部门领导及同志们：

（**观点**）在当前社会背景下，学校作为青少年成长的重要场所，正面临心理健康教育资源短缺的挑战。（**原因**）青少年心理健康问题日益突出，这不仅影响到他们的学业成绩，也对他们的身心健康造成了长远影响。（**案例**）例如，我们研究了贵部门近年来的成功案例，如社区心理咨询服务的推广，并注意到贵部门有意将服务扩展至校园，这与我们教育部门的目标高度契合。通过合作，我们可以填补学校心理健康服务的空白，为青少年提供更全面、专业的支持，帮助他们健康成长。（**总结**）因此，鉴于贵部门在心理卫生服务领域的专业优势，我们建议携手合作，共同提升我市学校的青少年心理健康服务水平。这样不仅能有效应对当前的挑战，也能为我们的下一代创造一个更加健康、积极的成长环境。

谢谢大家！

原则二：充分准备

在提出建议前，一定要收集和整理足够的数据、资料和案例来支持自己的观点。这不仅包括内部数据，还包括行业报告、学术研究或其他组织的成功实践。准备过程中，还应预想可能的反对意见，并准备好相应的反驳论据，以增强建议的说服力。

举例 🖊

在同一市级政府机关，交通部门注意到几个新兴居住区的居民出行不便，拟规划新的公交线路，但需要与财政部门协调资金问题。在正式提交提案前，交通部门进行了充分的准备，包括数据分析、民意调查和案例研究。

尊敬的财政部门领导及同志们：

（**观点**）为了解决新兴居住区居民面临的出行难题，尤其是早晚高峰时段公交服务的供需矛盾，我们拟提议通过增设公交线路来缓解居民出行压力。（**原因**）当前，随着城市的发展，我们交通部门在近期的城市公共交通规划中发现这几个区域的公交服务无法满足日益增长的需求。

在准备此次提案的过程中，我们进行了详尽的数据分析，包括人口密度、出行习惯、公交使用率等，并开展了广泛的民意调查，收集了超过千份问卷，其中90%以上的受访者表示支持新增公交线路。（**案例**）此外，我们还研究了其他城市如××市的成功案例，该市通过优化公交网络显著提升了市民的出行满意度。基于上述准备工作，我们坚信增设公交线路不仅是必要的，也是可行的。

（**总结**）我们期待与财政部门密切合作，共同推动这一惠民工程的实施，以提升居民的生活质量并促进城市的和谐发展。

AI提示词：

请你扮演某市公安局局长，围绕反电信诈骗工作，遵循"提供建议：观点＋原因＋案例＋总结"这一表达框架，进行发言。字数为1200字，文风严谨，符合体制内风格。

第 5 节　遇到困难：共情 + 问题 + 行动

在体制内的平行沟通中，跨部门协作时会常常遇到一些困难，我们需要在表达时能够促进有效沟通与问题解决，这样才能增强团队凝聚力，提高协作效率，确保体制内各部门能够顺畅地协同工作，共同克服困难，实现共同目标。

◎ 遇到困难"万能公式"

在面对困难时，组织往往会遭遇多重痛点。首先，职责边界模糊不清，易滋生责任推诿，使问题悬置无解；其次，信息不对称及保密政策的严格性，可能会阻碍跨部门协作；最后，正式沟通渠道的局限性和非正式沟通渠道的缺失，导致沟通效率低下。运用遇到困难"万能公式"就能解决这些痛点。

遇到困难"万能公式"如图2-5所示。

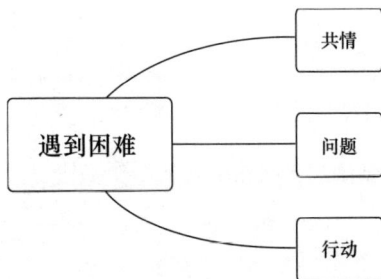

图 2-5　遇到困难"万能公式"

共情： 当同事面对困难时，首先应当展现出对同事处境的理解和支持。通过积极倾听对方的表述，确认并表达对其感受的理解，比如："张主任，我能理解您面对项目延期的压力很大，这确实是一个非常棘手的情况。"这样的做法有助于增进彼此信任，为后续的沟通打下良好的基础。

问题：客观而具体地描述所遇到的问题。比如："我们发现项目进度落后于原定计划大约两周，主要是最近的技术难题导致开发周期延长。"使用清晰、准确的语言来描述问题的本质，避免主观判断或情绪化的表述。同时，提供相关的事实依据和背景信息，帮助对方更好地理解问题所在，并确保讨论集中于问题的核心，避免偏离主题。

行动：提出解决问题的具体步骤和建议。比如："为了追赶进度，我建议我们可以增加临时的技术支持团队成员，并调整项目里程碑以适应新的情况；同时，我会协调相关部门确保所需的资源及时到位，并且每周进行一次进度汇报会来跟踪进展。"基于对问题的分析，给出可行的解决方案，并说明这些方案如何解决问题。同时，确定下一步的跟进措施，如定期检查进展或设立反馈机制，确保问题能够得到妥善处理。

场景案例

某市招商局张副局长在单位内的专题工作会议上进行发言。

尊敬的各位领导、同志们：

大家好！今天，我想就我们近期在招商工作中遇到的一些困难，与大家进行一次坦诚而深入的交流。

（共情）首先，我要表达的是，我完全理解并支持大家在这段时期所付出的努力和承受的压力。我们每个人都在尽自己最大的努力，为推动我市的经济发展做出贡献。我能够理解在座的每一位同事在面对挑战时的心情。招商工作不仅是一项技术活，更是一场考验耐心和毅力的马拉松。我知道，这段时间以来，大家都付出了很多心血，但有时候结果并不尽如人意。请允许我代表局领导班子，对大家的辛勤付出表示衷心的感谢。

（问题）具体而言，我们当前面临的主要困难在于市场竞争的加剧和政策环境的变化。一方面，越来越多的城市加入到招商的竞争行列中，使得吸引优质企业落户变得越来越难；另一方面，政策的调整给我们的招商工作带来了不确定性，增加了工作的复杂性和难度。

（行动）为了解决这些问题，我们需要采取一系列切实可行的措施。首先，我们应该加强与企业的沟通，深入了解它们的需求，从而提供更加精准的服务和支持。其次，我们需要优化我市的投资环境，包括简化审批流程、提供更多的优惠政策等，以增强我市的吸引力。最后，我们要加强与其他地区的交流合作，学习借鉴先进经验，不断提升我们的招商能力和水平。

我相信，只要我们团结一致，就一定能够克服眼前的困难，取得更好的成绩。让我们携手并进，为我市的发展做出更大的贡献！

谢谢大家！

张副局长的发言体现了高超的沟通技巧和领导力，不仅准确地传达了当前面临的困难，还提出了切实可行的解决方案，为团队指明了前进的方向，同时采用了更为平实的语言和更加贴近同事的语气，旨在促进同事间的理解和合作，也增强了团队的信心。

◎运用好遇到困难"万能公式"的两个原则

运用好遇到困难"万能公式",要把握两个原则。

原则一：积极解决问题

在平行沟通中,首先需要以积极的心态面对困难,并着重于采取解决问题的行动。这包括理解对方面临的困难,并从积极的角度寻找解决方案。同时,设身处地地思考对方的处境,这有助于加深相互理解,为找到有效的解决方案打下基础。

举例

在某市团委的一次工作会议上,团委书记王强就近期青年志愿者活动中遇到的困难发表讲话。

尊敬的各位同事:

(**共情**)大家好!首先,我要感谢大家这段时间以来的辛勤工作。我知道,我们在青年志愿者活动中遇到了一些困难,特别是在当前青年参与度不高的情况下,吸引更多青年参与志愿服务变得更加困难。但我相信,只要我们保持积极的心态,就能够找到解决问题的方法。

(**问题**)具体而言,我们已经注意到一些青年在参与志愿服务时缺乏动力。为了应对这一问题,我建议我们加强与青年的沟通,深入了解他们的兴趣和需求,并提供更有针对性的服务和支持。同时,我们还需要优化志愿服务项目的组织形式,比如引入更多互动性强的活动、提供志愿服务证书等,以增强项目的吸引力。

(**行动**)我希望每位同事都能够积极参与到这个问题的解决中来,

共同为提升青年参与度贡献力量。让我们携手并进，克服眼前的困难！

　　谢谢大家！

　　团委书记王强在发言中展现出了积极面对困难的态度，这种态度能够激发团队成员的积极性，有助于形成解决问题的良好氛围。

原则二：共同成长

　　平行沟通的目的是共同成长和发展，因此需要关注双方的进步。这意味着双方需要有一个共同的目标，共同努力朝着这个目标前进。同时，在行动的路上，鼓励双方不断学习和改进，通过每次的沟通交流来提升自身的技能，促进个人和团队的成长。

举例

　　在一次团委内部的学习交流会上，团委副书记李华就如何提升团队成员的专业能力发表讲话。

尊敬的各位同志：

　　（**共情**）今天能与大家一起探讨如何提升我们团队成员的专业能力，我感到非常荣幸。我们都怀着服务青年群体的热情聚集在这里，渴望为他们提供更优质的服务和支持。在这个过程中，每一位成员的成长和进步都是至关重要的。

　　（**问题**）然而，在实际工作中，我们可能会遇到专业知识不足或技能不够熟练的问题，这不仅限制了个人的发展，也影响了我们整个团队的工作效率和服务质量。例如，有时候我们在处理一些复杂情况时会感觉到力不从心，这是因为我们需要更多的知识和技巧来增强我们的服务能力。

（**行动**）为了克服这些挑战，我提议我们每个月举行一次内部培训活动，并成立学习小组分享心得和经验。就像某市团委那样，通过采取类似的措施，他们显著地提升了团队的专业水平和服务效率。我相信，只要我们每个人都积极参与进来，不断学习新知识、掌握新技能，我们一定能够共同成长，使我们的团队变得更加强大和高效。

谢谢大家！

李副书记的发言，强调了共同成长的重要性，这对提升团队成员的专业能力和团队的整体竞争力至关重要，同时强调个人成长与团队成长之间的联系，这种理念有助于培养团队成员的责任感和归属感，促进团队的长期发展。

AI提示词：

请你扮演某市招商局副局长，围绕"招商难"的问题，遵循"遇到困难：共情+问题+行动"这一表达框架，进行发言。字数为1200字，文风严谨，符合体制内风格。

第6节　消除分歧："赞+异+述+问"法则

交流工作时，当双方对某个议题有不同的意见或看法时，我们需要通过一些沟通技巧来缓和紧张气氛，促进双方的理解和合作，尤其是在需要共同做出决策的情况下，要确保双方的声音都被听到，促进双方找到共同点，并能够达成共识。

◎ **消除分歧"万能公式"**

在平行沟通中，分歧时常存在。首先，那些长期存在的分歧可能导致团队成员之间的信任逐渐减弱，然后影响团队的整体效率；其次，也可能导致沟通渠道受阻，重要信息无法顺畅传递，进而影响决策的质量和效率；再次，团队成员之间的不和谐会分散注意力，影响团队成员的工作积极性和工作效率；最后，当分歧无法得到有效解决时，决策过程会被拖延，延误项目的进度，就会进一步影响团队的凝聚力和战斗力。运用消除分歧"万能公式"就能解决这些问题。

消除分歧"万能公式"如图 2-6 所示。

赞：在消除分歧的过程中，首先表达对对方观点或行为中的合理之处的认可和支持。比如："李主任，我非常赞同您提出的关于提高工作效率的建议，尤其是关于优化审批流程的部分，这对我们的日常工作帮助很大。"通过肯定对方的优点或贡献，明确指出对方观点或行为中的亮点，并表达对对方的尊重，营造

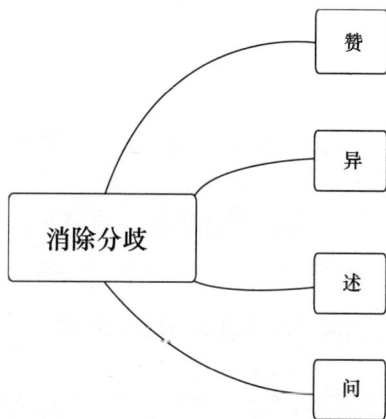

图 2-6　消除分歧"万能公式"

一种积极的沟通氛围，为后续的讨论奠定良好的基础。

异：在表达不同意见时，需要温和地指出对方与自己不同的观点或看法，避免直接否定对方。比如："王科长，我理解您的观点，即

我们应该更注重传统媒体的宣传，但从另一个角度来看，新媒体平台也能使我们触达更广泛的受众。"这样说可以在表达不同意见的同时体现尊重和理解，减少对立情绪，为双方寻找共同点创造条件。

述：清晰陈述自己的观点或需求，确保对方理解自己的立场。比如："在我看来，我们需要更注重与基层单位的沟通协调，确保信息能够及时准确地传递下去，这样我们才能够更好地服务群众。"这样说可以确保对方准确理解自己的观点和需求，避免误解和争执。

问：通过提出开放性问题，鼓励对方进一步阐述其观点或建议，促进双向沟通。比如："您觉得我们如何能够更好地平衡工作与家庭生活的关系，让员工在保证工作效率的同时也能拥有更好的生活质量？"这样做可以通过提问鼓励对方分享更多信息，促进双方找到共同点和解决方案。

场景案例

在某市团委的一次会议上，团委书记王强和团委副书记李华就即将到来的青年文化节活动的筹备工作产生了分歧。为了消除分歧，两人决定进行沟通。

王强："（赞）李书记，我非常赞同你提到的要让青年文化节活动更加贴近青年生活这一观点，确实，文化体验活动能够让更多的年轻人参与进来，这是非常重要的。（异）不过，从另一个角度来看，我认为我们也可以考虑举办一场大型文艺演出，这样可以吸引更多的观众，扩大活动的影响力。（述）通过举办大型文艺演出，我们可以更好地展示我市青年的才艺和活力，同时也能够吸引社会各界的关注，提升活动的社会影响力。（问）你觉得我们是否可以结合这两种方式，既举办一场大型文艺演出，又安排一些小型的文化体验活动，以此来丰富活动内容，满足不同群体的需求呢？"

李华："（赞）王书记，我非常认同你提到的通过大型文艺演出展示青年才艺和活力的观点，这确实是提升活动影响力的有效途径。（异）不过，从另一个角度来看，我认为我们还需要考虑活动的多样性和包容性，确保活动能够吸引不同兴趣爱好的年轻人。（述）除了大型文艺演出之外，我们还可以举办一些小型的文化体验活动，比如手工艺制作、地方戏曲体验等，这样可以让更多的人参与进来。（问）你认为我们是否可以在大型文艺演出之外，增设一些小型的文化体验摊位，以此来丰富活动的形式，让更多人受益呢？"

通过运用"赞+异+述+问"法则，王强和李华成功地找到了共同点，并最终决定在青年文化节活动中结合大型文艺演出和小型文化体验活动，满足不同群体的需求，提升活动的多样性和吸引力。

◎运用好消除分歧"万能公式"的两个原则

运用好消除分歧"万能公式"，要把握两个原则。

原则一：尊重与理解

在平行沟通中，保持对对方的尊重和理解是非常重要的。这意味着即便意见不同，也要避免使用否定性语言，始终保持礼貌。通过认可对方的观点和立场，营造一个更加和谐、积极的交流环境，这种方式不仅有助于缓解潜在的对立情绪，还能为接下来的讨论打下坚实的基础，促进更有效的合作与理解。

举例

在某市妇联的一次会议上，妇联主席李华和副主席张明就即将举行的妇女权益宣传活动的筹备工作产生了分歧。为了消除分歧，两人决定进行沟通。

李华："（赞）张主席，我非常赞赏你提到的要让妇女权益宣传活动更加贴近社区这一观点。确实，通过社区讲座能够让更多的女性参与进来，这不仅十分重要，而且有助于我们深入了解基层的需求。（异）不过，从另一个角度来看，我认为我们也应考虑举办一场大型宣讲会，这样可以吸引更广泛的公众关注，扩大活动的影响力，让更多人意识到妇女权益的重要性。"

张明："（赞）李主席，我非常认同你提到的通过大型宣讲会展示妇女权益的重要性，这确实是提升活动影响力的有效途径。（异）同时，我也想强调一下活动的多样性和包容性。（述）如果我们能够在大型宣讲会的基础上，结合社区讲座等多种形式，那么不仅可以覆盖更多人群，还能确保活动内容更加丰富和全面，真正满足不同社区女性的需求。"

李华："（赞）张主席，你的建议非常有价值。结合大型宣讲会与社区讲座，确实可以让我们的活动更加多样化和包容。关于这两种形式的具体实施方案，我想进一步听听你的想法。（问）例如，在内容安排上如何平衡，怎样根据不同的受众调整演讲的主题和深度，以及我们还可以采取哪些措施来确保两种形式都能充分发挥作用，达到最佳效果？"

从以上沟通中能够看出，两人在表达不同意见之前，都先肯定了对方观点中的合理之处，展现对对方的支持，并尝试从对方的角度去理解其立场和需求，展现对对方观点的尊重和支持。

原则二：清晰与具体

在平行沟通中，清晰与具体地表达自己的观点和需求同样至关重要，这样可以确保对方能够准确理解自己的立场。

举例

在一次关于妇联活动策划的会议上，妇联活动部的部长赵刚和副部长王丽就活动的预算分配产生了分歧。为了消除分歧，两人决定进行沟通。

赵刚："（**清晰表达**）在我看来，我们需要更加注重宣传推广，确保活动信息能够广泛传播，吸引更多人参与。我认为，我们应该将预算的 60% 用于线上线下宣传推广工作。（**具体实例**）根据以往的经验，宣传活动做得好，参与人数明显增加。比如去年的活动，我们投入了大量资源在社交媒体宣传上，结果吸引了比预期多 30% 的参与者。"

王丽："（**清晰表达**）除了宣传推广外，我们还需要确保社区活动的质量，这样才能给参与者留下深刻的印象。我建议将预算的 60% 用于社区活动。（**具体实例**）去年的活动虽然参与人数较多，但不少参与者反映社区活动内容比较简单，如果我们在这些方面有所改进，相信今年的活动将会更加成功。"

从以上沟通可以看出，为确保自己的观点和需求表达得清晰、具体，应尽量使用简单、直接的语言，确保对方能够准确理解。同时，在陈述自己的观点时，提供具体实例或数据支持，增强观点说服力。

AI提示词：

在市团委的一次会议上，团委书记王强和团委副书记李华就即将到来的青年文化节活动的筹备工作产生了分歧，王强倾向于举办一场大型文艺演出，而李华则主张组织一系列小型的文化体验活动。

请你扮演王强，围绕"倾向于举办一场大型文艺演出"这一观点，遵循"消除分歧：'赞＋异＋述＋问'法则"这一表达框架，进行发言。字数为1200字，文风严谨，符合体制内风格。

第7节　请求帮助：说明＋请求＋期待

工作中，经常会有需要同事协助完成任务或项目的时候，特别是在跨部门合作、紧急项目支援或是需要特定技能支持的情况下。所以，请求者特别需要能明确地说明需要帮助的原因、具体请求内容以及对帮助者的期待，从而提升沟通的效率和效果。

◎请求帮助"万能公式"

当我们在工作中特别需要同事协助完成任务或项目时，往往会遇到以下两个问题：跨部门沟通涉及多个团队，信息传递会延迟或有遗漏；跨部门合作中如果责任划分不明确，就容易造成责任推诿的现象，影响项目的推进。运用请求帮助"万能公式"就能解决上述问题。

请求帮助"万能公式"如图 2-7 所示。

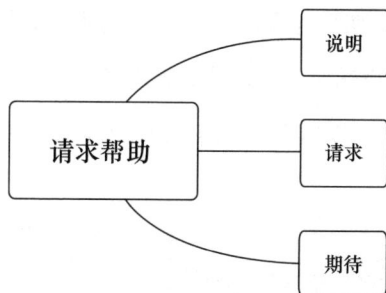

图 2-7 请求帮助"万能公式"

说明：在请求同事帮助时，首先应说明请求帮助的原因和背景。比如："尊敬的张主任，我是市妇联活动部的赵刚，我们正在筹备一场关于妇女权益的宣传活动，由于活动规模较大，我们需要更多的资源来确保活动的成功举办。"这包括简要介绍当前任务或项目的背景信息，解释为何需要帮助，并强调此项任务或项目的重要性。通过明确背景和原因，帮助对方理解请求的必要性和紧迫性，增强对方的支持意愿。

请求：明确提出需要的具体帮助内容是请求同事协助的关键。比如："鉴于我们部门的资源有限，我希望能得到您部门的支持，特别是在场地布置和物资准备方面，如果有条件的话，能否提供两名工作人员协助我们完成这项任务？"这包括明确指出需要的帮助类型，尽可能量化所需帮助的程度或数量，并明确指出需要帮助的时间节点或期限。通过具体的要求和量化标准，确保对方清楚了解需要提供的支持类型，以便对方做好规划。

期待：表达对对方帮助的期待，是请求同事协助的重要组成部分。比如："非常感谢您能够考虑我们的请求，如果您能提供帮助，我们将非常感激。期待与贵部门合作，共同完成这次重要的宣传活动。"这包括提前表达对对方帮助的感谢之情，明确表达对合作成功的期待。这些表达可以增强对方的支持意愿，推动双方顺利合作完成任务或项目。

📋🔍 场景案例

某乡镇，由于即将举办"三八"国际劳动妇女节活动需要额外的资源和支持，乡镇党委书记张伟需要请求相邻乡镇的资源支持。

尊敬的各位同事：

大家好！我是张伟。"三八"国际劳动妇女节即将到来，为了庆祝这个特殊的日子，我们计划举办一系列有意义的活动，旨在表彰和宣传女性在社会中的重要作用。

（说明）目前，我们乡镇正全力以赴地筹备这场活动，但由于活动规模较大，涉及许多细节工作，我们面临一定的资源压力。特别是场地布置、物资采购等方面，需要更多的人力和物力支持。

（请求）鉴于此，希望邻近的××乡镇能够伸出援手，提供必要的支持。具体来说，我们希望能够借几名工作人员来协助进行场地布置，并希望获得一部分物资支持，如音响设备和宣传材料等。如果可能的话，我们预计需要的支持时间为一周左右。

（**期待**）我非常感谢各位同事能够考虑我们的请求。相信通过双方的合作，我们一定能够成功举办这次活动，为乡镇的妇女同胞带来一个难忘的节日。我们期待着与各位的合作，共同为这次活动的成功做出贡献。

再次感谢大家的理解和支持！

通过这篇发言稿可以看出"请求帮助：说明+请求+期待"的表达框架在体制内工作中的实际应用，该表达框架有助于获取同事的帮助，并促进双方的合作。

◎运用好请求帮助"万能公式"的两个原则

运用好请求帮助"万能公式"，要把握两个原则。

原则一：开放与包容

在请求同事帮助时，要保持开放的心态，愿意接受对方的不同意见，并从中寻找共同点。同时，认识到差异的存在，并将其视为多元化的一种体现，而不是冲突的根源。

举例

在某区教科体局的会议上，局长李华需要请求相邻区县的资源支持，以确保即将到来的青少年科技节活动的顺利进行。

尊敬的各位同事：

大家好！我是李华。今天，我在这里想跟大家谈一谈即将到来的青少年科技节活动。（**开放心态**）近期，我们计划举办一系列有意义的活动，旨在培养青少年的科技创新能力。目前，我们区正全力以赴地筹备这场活动，但由于活动规模较大，涉及许多细节工作，我们面临一定的资源压力。特别是展览布置、物资采购等方面，需要更多的人力和物力支持。在此，我希望邻近的××区县能够伸出援手，提供必要的支持。我理解每个区县都有自己的工作重点和任务，因此我非常愿意听取各位的意见和建议，看一下我们如何能够更好地合作，共同完成这项任务。（**包容差异**）我也知道每个区县的工作情况都不相同，因此如果在某些方面存在困难，我们可以一起探讨解决方案，以确保活动的成功举办。"

从以上沟通内容可以看出，李局长保持开放的心态，愿意听取对方的意见和建议，即使是与自己不同的观点也能给予尊重；同时，他也认识到每个人的工作方式和思考角度可能存在差异，将这些差异视为多元化的一种体现，而不是冲突的根源，并且很主动地在沟通中寻找双方都能接受的解决方案，促进合作。

原则二：感恩与回报

在平行沟通中，表达对对方帮助的感谢之情，可以增强对方的支持意愿。同时，承诺将来也会给予对方相应的支持或回报，有利于建立长期的合作关系。

举例

在一次关于青少年科技节活动的筹备会议上，某区教科体局副局长赵刚需要请求其他部门的支持来完成活动的筹备工作。

尊敬的各位同事：

　　大家好！我是赵刚。（**表达感谢**）对于即将到来的青少年科技节活动，我们需要其他部门的支持。在此，我非常感谢各位能够考虑我们的请求，你们的支持对我们来说非常重要。我们相信，通过双方的合作，一定能够成功举办这次活动，为青少年们带来一个难忘的科技节。（**承诺回报**）如果将来你们也需要我们的帮助，请随时告诉我们。我们非常乐意为你们提供支持，以建立我们之间的长期合作关系。

　　从以上沟通内容可以看出，赵局长通过提前表达对对方帮助的感谢之情，增强对方的支持意愿，并明确表达对合作成功的期待，鼓励对方积极参与，同时承诺将来也会给予对方相应的支持，以此来建立长期的合作关系。

AI提示词：

　　请你扮演某乡镇党委书记，遵循"请求帮助：说明＋请求＋期待"这一表达框架，为即将到来的"三八"国际劳动妇女节活动向邻近乡镇请求资源支持而进行发言。字数为1200字，文风严谨，符合体制内风格。

第 8 节　同事夸奖：接受夸奖＋借机反夸

　　在体制内的工作环境中，同事们经常会在各种正式与非正式场合相互夸奖，比如在会议讨论、日常交流以及绩效评估等场景中，通过相互夸奖的方式加强同事之间的情感联系，营造积极向上、和谐稳定的工作氛围，同时提升个人的职业形象。

◎同事夸奖"万能公式"

在体制内，当我们准备夸奖同事，或者同事夸奖我们时，我们作为表达者或接受者可能会面临一系列挑战，包括确保夸奖的真实性、寻找合适的时机、处理个人表达习惯与风格、考虑理解差异、防止夸奖被误解、避免夸奖过度，以及确保夸奖具有足够的具体性和针对性。这些挑战要求表达者在夸奖时格外谨慎，既要体现真诚与尊重，又要考虑夸奖的具体情境和个人差异，确保夸奖能够真正发挥正面作用。运用同事夸奖"万能公式"就能应对这些挑战。

同事夸奖"万能公式"如图2-8所示。

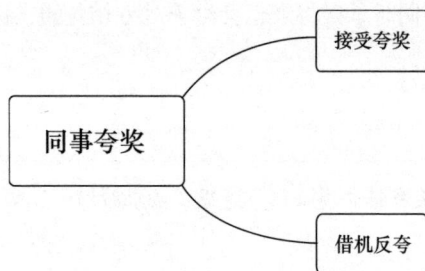

图2-8　同事夸奖"万能公式"

接受夸奖：当接受同事的夸奖时，应表现出谦逊和感恩的态度。比如："非常感谢您的认可和支持，能够顺利完成这项任务，离不开团队每一位成员的共同努力。"这意味着在接受夸奖时要真诚地感谢对方的认可，同时适当地提及团队成员的贡献和支持。这种做法不仅能够体现个人的职业素养，还能够增强团队的凝聚力。

　　借机反夸：在接受夸奖之后，抓住机会对夸奖者或其他同事进行夸奖。比如："非常感谢您的认可，其实这次的成功也得益于您的指导和建议，您的专业知识给了我们很大的帮助。"在进行反夸时，应确保夸奖具有具体性和针对性，指出被夸奖者具体做了什么以及为什么值得夸奖。此外，还应注意夸奖不要过度，以免给对方不自然或不舒适的感觉。

📋 场景案例

　　区农业农村局正在举行一次部门工作会议，讨论近期农业政策的实施情况和下一阶段的工作计划，在会议上，副局长李响对近期农业政策的执行情况进行了总结，并对农业科的工作给予了高度评价。

　　李副局长："在这次会议上，我想特别提到农业科在过去几个月里对新农业政策的执行情况。他们的工作不仅高效而且富有成效，大大超出了我们的预期。特别是在推广新型种植技术方面，农业科的努力为全区的农业生产带来了显著的增长。"

　　周科长："感谢李副局长对我们工作的肯定和支持，能得到这样的评价我们感到非常荣幸。这离不开全局上下一心的合作精神，特别是规划处和市场科的同事们，在政策制定与市场对接方面给予了我们极大的帮助和指导。没有你们精准的政策支持和市场分析，我们的工作不可能取得这么好的效果。同时，也感谢李副局长您的领导，正是有了您前瞻性的指导和协调，我们才能如此顺利地推进各项工作。"

这样的对话，不仅展现了周科长的谦逊态度，也体现了其团队合作的精神，并且进一步促进了团队成员之间的正面互动，有助于营造相互尊重的氛围。

◎ **运用好同事夸奖"万能公式"的两个原则**

运用好同事夸奖"万能公式"，要把握两个原则。

原则一：适度

适度原则是指在进行夸奖时应当掌握一定的度，确保夸奖既真实又恰到好处。一方面，夸奖过度可能会让被夸奖者感到不自然，甚至产生尴尬的情绪；同时，过度夸奖某一个人还可能会在无意中贬低其他人的贡献，导致团队内部出现矛盾。另一方面，夸奖不足又可能会让被夸奖者感到自己的努力没有得到充分的认可，感到挫败，挫伤其积极性和工作热情；长期缺乏必要的夸奖还会导致团队士气下降，影响整体的工作氛围，进而降低员工前进的动力。

举例

市生态环境局正在召开一次部门工作会议，在会议上，伍副局长首先对近期环保政策的执行情况进行了总结，并对环保科的工作给予了高度评价。

伍副局长："我要特别感谢环保科的同事们，尤其是王科长和他的团队，在这次新政策的推广工作中表现出了极高的效率和专业水平。他们的工作不仅得到了社区居民的好评，也得到了上级部门的认可。"

王科长："（**接受夸奖**）非常感谢伍副局长的认可和支持。

（借机反夸）这次项目的成功，除了我们环保科的努力之外，也离不开各位领导和同事的配合与支持。特别是伍副局长，您提出的很多宝贵意见对我们工作的推进都起到了关键作用。此外，赵科长在协调资源方面也发挥了重要作用，她的细心和耐心让我们团队能够更加顺畅地运作。我们取得的成绩是大家共同努力的结果，我们将继续努力，确保未来的项目同样能够顺利进行。"

在这个案例中，王科长遵循了适度原则，确保夸奖基于真实的情况，并且适度地表达了自己的感激之情。他的发言既没有过度夸大，也没有吝啬必要的认可，而是恰如其分地提到了伍副局长和其他同事的具体贡献。

原则二：个性化

个性化原则是指在进行夸奖时应考虑每个人的个性和偏好，尽量符合对方特点，使用适合对方的语言和方式。这意味着在夸奖时，需要细致观察和了解同事的性格特点、沟通风格以及个人喜好，以便采取适合他们的方式进行夸奖。例如，对于性格内向、低调的同事，可以在私下进行夸奖，以避免使他们在公共场合感到不自在；而对于性格开朗、喜欢被关注的同事，则可以在团队会议或公开场合给予认可。

举例

市教育科技和体育局正在召开一次部门工作会议，在会议上，副局长李清首先对近期教育政策的执行情况进行了总结，并对教育科的工作给予了高度评价。

> 李副局长："我要特别感谢教育科的全体同志们，尤其是王毅和他的团队。在新政策推广过程中，他们展现了卓越的效率和专业素养，不仅赢得了学校老师和家长的一致好评，也获得了上级部门的高度肯定。"
>
> 王科长："（**接受夸奖**）非常感谢李副局长的认可和支持。（**借机反夸**）这次项目的成功，离不开我们教育科的努力，更离不开各位领导和同事的大力配合与支持。特别是李副局长提出的宝贵建议，对我们工作推进起到了至关重要的作用。同时，张副科长在资源协调方面的细致工作，确保了团队运作的顺畅高效。这些成绩是大家共同努力的结果。我们将继续努力，确保未来的工作同样出色。"

在这个案例中，王科长遵循了个性化原则，确保夸奖基于每个人的性格特点和偏好，采取了适合对方的方式进行夸奖。这种夸奖方式，不仅展现了王科长的谦逊态度，也体现了其团队合作的精神，并且进一步促进了团队成员之间的正面互动。有助于营造相互尊重的氛围。

AI提示词：

区农业农村局即将举行部门工作会议，单位将对近期农业政策的执行情况进行总结，请你扮演农业科科长，在副局长对农业科的工作给予了高度评价后，遵循"同事夸奖：接受夸奖＋借机反夸"的表达框架，进行发言，文风严谨，字数为2000字。

平行沟通实战演练：同频共振走迷宫

通过模拟真实工作场景，综合运用"4W+H"法则、"4W+R"法则、"立场+方案+好处""观点+原因+案例+总结""共情+问题+行动""赞+异+述+问"法则、"说明+请求+期待"以及"接受夸奖+借机反夸"等技巧，提升团队成员之间的沟通效率和协作能力，确保项目顺利推进。

准备阶段

角色分配：参与者根据实际工作经验或兴趣选择扮演项目负责人、技术专家、行政专员、财务人员等不同角色。

情境设定：设定一个虚构但贴近现实的项目，如组织一次大型会议、实施一项政策或开展一项公共服务活动等。

背景及任务：为每个角色提供相应的背景信息和任务要求。

演练流程

第一部分：部门会议

目标：明确项目目标及分工。

步骤：

项目负责人使用"4W+H"法则（What、Who、Where、When、How）来介绍项目的目标、参与人员及其职责、地点、时间、做法。

各成员提问，并确认理解无误。

项目负责人强调项目的政策依据和重要性，确保所有成员明白其意义。

第二部分：同级协调

目标： 确保各部门间顺畅协作。

步骤：

不同部门代表使用"4W+R"法则（Who、What、Where、When、Reason）进行初步沟通，讨论各自的需求和支持方式。

针对可能出现的合作障碍，共同寻找解决方案，确保各项工作符合相关政策和规定。

撰写会议纪要，明确责任分工和时间节点。

第三部分：讨论方案

目标： 确定最佳实施路径。

步骤：

团队成员提出各自的方案，遵循"立场+方案+好处"的结构，确保方案符合上级指示和政策要求。

开展小组讨论，评估各方案的优势和劣势，最终投票决定采用哪一个方案。

将讨论结果形成书面报告，提交给上级审批。

第四部分：提供建议

目标： 优化现有方案。

步骤：

团队成员针对已选定的方案提出改进建议，按照"观点+原因+案例+总结"的结构陈述，确保建议有理有据。

团队共同审议这些建议，决定是否采纳这些建议并调整原方案。

形成正式的建议报告，提交给相关部门审核。

第五部分：遇到困难

目标：有效解决问题。

步骤：

模拟在项目执行过程中遇到的具体困难，如资源不足、时间紧迫等。

使用"共情 + 问题 + 行动"结构，先表达对他人处境的理解，再明确问题所在，最后提出具体的解决措施。

及时向上级汇报问题，寻求支持和指导。

第六部分：消除分歧

目标：达成共识，继续前进。

步骤：

当团队内部出现意见不合时，采用"赞 + 异 + 述 + 问"法则处理分歧。

通过赞同对方的观点、表达自己的不同看法、详细阐述各自立场、提出共同探讨的问题，以求找到双方都能接受的解决方案。

确保整个过程符合单位的规章制度，保持和谐的工作氛围。

第七部分：请求帮助

目标：建立良好的互助关系。

步骤：

在项目进展中，某个成员因遇到难题需要帮助。

请求者使用"说明 + 请求 + 期待"的方式清晰地表达求助内容，其他成员积极响应并提供支持。

强调团队合作精神，确保每个人都能够得到必要的支持。

第八部分：同事夸奖

目标：增强团队凝聚力。

步骤：

在项目完成后的总结会上，成员之间互相给予正面反馈。

接受夸奖的人不仅要礼貌地表示感谢，还可以借机回赞对方，营造积极向上的团队氛围。

总结会上，项目负责人对全体成员的努力表示肯定，并提出下一步工作的方向和要求。

反馈与总结

个人反思：每位参与者记录自己在整个过程中的表现，包括哪些地方做得好，哪些地方可以改进。

团队讨论：集体回顾整个演练过程，分享学习心得，讨论如何在未来的工作中更好地应用这些沟通技巧。

领导点评：由一位经验丰富的领导或导师进行点评，指出亮点与不足，并提供进一步的指导建议。

第 3 章

向下沟通：读懂人心，收获95%的团队支持率

本章系统探讨了领导者如何通过"诚言＋尊人＋正行＋助进＋反馈"获取信任，并利用倾听、赋能等方法引领团队，介绍了用于确保沟通高效的组织研讨的方法、"HEAR"倾听沟通法、"5清指令"及"4W1H"沟通法；同时，"三明治"和"三心二力"沟通法用于建设性反馈与激励，旨在提升领导力，促进团队协作。

第1节　获取信任：诚言＋尊人＋正行＋助进＋反馈

在体制内的向下沟通中，一方面我们经常需要传达重要信息或决策，另一方面也需要主动提供资源和支持，帮助团队成员实现职业发展，同时我们还需要在绩效评估中给出具体、建设性和真实的反馈，促进团队成员的成长。

◎ **获取信任"万能公式"**

在实际沟通中，领导者经常会因为缺乏透明度而引发信任缺失，或者由于沟通障碍造成误解和冲突；有时候，领导者也难免忽视团队成员的感受和贡献，而导致士气低落。这些问题不仅影响团队成员间的信任，还可能降低决策的质量和使决策执行不到位，最终降低团队的整体效率。运用获取信任"万能公式"就能解决这些问题。

获取信任"万能公式"如图3-1所示。

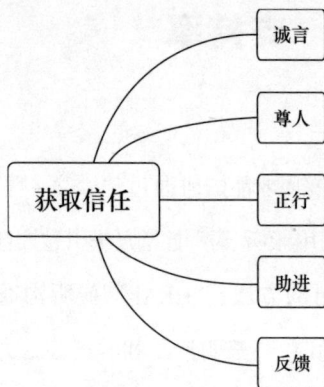

图3-1　获取信任"万能公式"

诚言：以诚实、真诚的态度进行沟通。这意味着在向下沟通时，领导者应当提供准确、可靠的信息，并确保所传达的信息是真实无误的。比如："今天我要详细地介绍新项目，希望大家能够理解其中的挑战。"领导者在宣布决策、解释政策变更或分享重要信息时，应做到坦诚和透明，避免误导团队成员。

尊人：尊重团队成员的意见、感受和贡献。这要求领导者在倾听下属的声音时，应尊重他们的观点，并确保每个人都有机会表达自己的想法。比如："感谢大家的努力，现在请分享你们的看法和建议。"通过尊重他人，营造一个相互包容和支持的工作氛围。

正行：通过自己的行为展现出诚信和正直。这意味着领导者应当遵守组织的规章制度，以身作则，展现出高标准的职业道德。比如："我一直遵守组织的原则，希望大家监督我的行为。"正行不仅体现为遵守规定，还体现为公平对待每一个团队成员，为团队树立良好的行为典范。

助进：支持团队成员的成长和发展。这要求领导者为团队成员提供必要的资源和支持，帮助他们实现职业目标。比如："我们将提供培训机会，支持大家的职业发展。"这包括提供培训机会、指导和辅导，以及为他们创造展现才能的机会。

反馈：给出真实、具体和建设性的反馈。这意味着在绩效评估和个人发展计划中，领导者应当提供具体而有价值的反馈，帮助团队成员识别自己的优点和需要改进的地方。比如："今天我会给出真实、具体、建设性的反馈，也欢迎你提出自己的建议。"真实的反馈，可以促进个人成长和团队进步，确保每个人都清楚自己的表现以及如何改进。

场景案例

某县政府办公室正在进行年度工作总结会议，办公室主任张明主持会议。

各位同志：

首先，感谢大家过去一年的辛勤付出。今天我们聚在一起，回顾过去一年的工作情况，总结经验教训，并规划未来的工作方向。希望能够通过这次会议，加强我们之间的沟通与合作，共同推进县政府办公室的工作迈上新的台阶。

（诚言）接下来，我将总结过去一年的主要成就和面临的挑战。我们各个股室都取得了显著的工作成绩，但也遇到了一些问题。希望大家能够理解这些挑战，并一起寻找解决方案。

（尊人）接下来的时间，请各部门负责人分享你们在过去一年中的工作亮点和遇到的问题。无论你处在哪个岗位，你的声音都非常重要。

（正行）作为办公室主任，我一直致力于遵守我们组织的价值观和原则。请大家监督我的行为，如果发现任何不符合我们共同价值观的地方，请随时指出来。

（助进）为了支持大家的职业发展，我们将提供更多的培训机会和资源。如果你对某些领域的技能提升感兴趣，请告诉我，我们将尽力满足你的需求。

（反馈）在今天的会议上，我想强调反馈的重要性。我会根据每个人的工作表现给出真实、具体、建设性的反馈。相信通过这种方式，我们可以帮助彼此成长并改进我们的工作。如果你对我有任何建议，我也非常乐意听取。

通过这个案例，我们可以看到如何通过真诚、尊重、正直、支持和具体反馈来加强团队之间的信任与合作。

◎运用好获取信任"万能公式"的两个原则

运用好获取信任"万能公式"，要把握两个原则。

原则一：尊重为先

尊重不仅是礼貌待人，更是深刻理解并珍视每个人的价值。这意味着要认识到每个人都是独一无二的个体，拥有独特的背景、经验和技能。领导者和管理者在制定决策时应考虑到不同成员的意见，确保每个人都能感受到自己的价值被认可。

举例

市文联正在举行一次全体会议，旨在总结过去一年的工作成果，并规划未来一年的工作重点。文联主席李华主持会议，各部门负责人及代表参加。

各位同志：

在这充满诗意的日子里，我们汇聚一堂，共商文联的发展大计。过去的一年里，我们共同见证了文学艺术的繁荣与发展，也经历了挑战与机遇的交织。今天，我们在此，不仅要回顾过往的辉煌，更要展望未来的蓝图，携手并进，共创美好明天。

（尊重为先原则）在这个充满创意与激情的舞台上，我们每个人都是不可或缺的角色。正如文学作品中丰富多彩的人物一样，每个人都有自己独特的故事和价值。因此，在今天的讨论中，我希望我们能够确保每个人的声音都被听到，每个人的意见都被认真考虑。

接下来的时间里，请各部门负责人分享你们在过去一年中的工作亮点和遇到的问题。请大家自由发言，分享自己的见解。就如同在文学创作中，每一个角色都有其不可替代的位置，我们每一个人都是这个大家庭中不可或缺的一部分。

有些同事可能不太习惯在公开场合发言。为此，我们将在会议结束后留出一段时间，便于私下交流。如果你有任何想法或建议，请不要犹豫，随时与我或其他同事分享。

接下来，我们将认真听取每个人的意见，并且在后续的讨论中给出具体的反馈。如果你对某个问题有任何疑问或需要进一步的帮助，请随时告知我们。我们将尽最大努力为你提供支持。

通过这个案例，我们可以看到尊重为先原则的具体应用，以及如何通过平等对待、倾听声音、给予反馈和支持来加强团队之间的沟通与合作。

原则二：正直行事

正直不仅是一种美德，更是领导者应当遵循的基本准则。这不仅体现为言语的真诚，更重要的是通过实际行动来体现诚信，这要求领导者始终坚守组织的价值观和原则，无论是在日常工作中还是在面对挑战时，都能够坚持正确的道路。

举例

县委宣传部正在举行一次专题会议，旨在讨论即将开展的一项重要宣传活动，部长王明主持会议。

各位同志：

今天，我们齐聚一堂，共同讨论即将开展的重要宣传活动。我相信，通过今天的交流和讨论，可以进一步加强我们之间的沟通与合作，共同推动这项宣传活动的成功。

（**正直行事原则**）作为宣传部的领导，我深知自己的行为对团队的影响，因此我承诺始终坚守组织的价值观和原则，无论是在日常工作中还是在面对挑战时，都将坚持正确的道路。

在接下来的时间里，我希望每个人都能够遵守组织的规定和流程。无论是参与会议的准时性，还是处理员工事务的公正性，我们都应该展现出高标准的职业道德。

同时，作为领导者，我们更应该勇于承认自己的失误，并采取措施加以改正。这种坦诚的态度不仅能够修复可能受损的信任，还能够鼓励团队成员学习如何负责任地面对挑战。

通过这个案例，我们可以看到正直行事原则在体制内的具体应用，以及如何通过自己的行为为团队树立榜样，进而提振团队的士气。

AI提示词：

某县政府办公室正在进行年度工作总结会议，请你扮演办公室主任主持会议并发言，发言时遵循"获取信任：诚言 + 尊人 + 正行 + 助进 + 反馈"的表达框架，字数为 2000 字，文风严谨。

第 2 节　引领团队：倾听 + 赋能 + 目标 + 激励

在向下沟通中，领导者需要激励团队成员、明确目标方向以及倾听团队成员的意见。比如，启动新项目时，需要明确团队的方向和期望结果；在团队成员表现出色或准备承担更多职责时，需要支持团队成员成长和发展；在规划新项目或制定战略时，需要收集团队成员的想法、意见或反馈，以便更好地制定决策或解决问题。

◎ 引领团队"万能公式"

在实际沟通中，领导者在引领团队时，时常会因为目标设定不明确而导致团队成员对期望结果缺乏共识；赋能不足限制了团队成员潜力的发挥；激励机制不完善降低了团队积极性；倾听不足导致团队成员的意见和建议未能得到有效利用。这些问题都会影响团队的整体表现和士气。运用引领团队"万能公式"就能解决这些问题。

引领团队"万能公式"如图 3-2 所示。

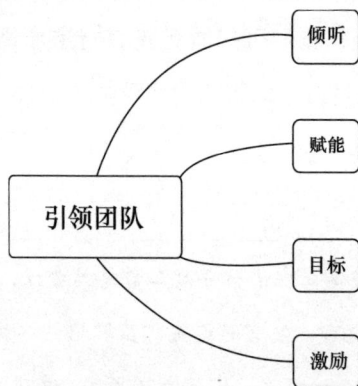

图 3-2　引领团队"万能公式"

倾听：倾听团队成员的意见和建议，理解他们的需求和关切。比如："在规划新项目时，我们将认真听取每位团队成员的意见和建议。"在体制内，这通常发生在需要收集团队成员的想法、意见或反馈时，以便更好地制定决策或解决问题。

赋能：为团队成员提供资源和支持，帮助他们发挥潜力。比如："我们将为每位团队成员提供必要的培训资源和支持，帮助他们充分发挥潜力。"这通常发生在需要支持团队成员成长和发展时，例如提供培训机会或授予团队成员更多的权利。通过赋能，领导者可以确保团队成员具备完成任务所需的技能和信心。

目标：设定清晰、可衡量的目标。比如："我们将与团队成员共同设定清晰、可衡量的目标，确保每个人都明确我们的前进方向。"这通常发生在需要明确团队的前进方向和期望结果时，例如设定年度目标或项目目标。通过设定目标，领导者可以确保团队成员知道他们努力的方向，并且能够衡量进度。

激励：通过正面的手段来鼓舞团队成员，提高他们的积极性。比如："我们将通过表扬和奖励机制来认可团队成员的努力和成就，激发团队的积极性。"这通常发生在需要激发团队成员的动力时。通过激励，领导者可以确保团队成员保持高度的积极性和士气。

场景案例

　　县疾控中心正在举行一次专题会议，旨在讨论即将到来的流感季节的预防措施，中心主任张强主持会议。

各位同志：

今天，我们齐聚一堂，共同讨论即将到来的流感季节的预防措施。我相信，通过今天的交流和讨论，可以进一步加强我们之间的沟通与合作，共同推动这项工作的顺利进行。

（倾听）我们每个人都有独特的见解和建议，这对制定有效的预防措施至关重要。因此，在今天的讨论中，我希望我们能够确保每个人的声音都被听到，并且每个人的意见都被认真考虑。

（赋能）接下来的时间里，我们将为每位团队成员提供必要的培训资源和支持，帮助你们充分发挥潜力。无论你是负责疫苗接种还是宣传教育，我们都将确保你具备完成任务所需的技能和信心。

（目标）我们将与团队成员共同设定清晰、可衡量的目标，确保每个人都明确我们的前进方向。这次目标主要指提高疫苗接种率，确保每个人都了解自己的责任和期望的结果。

（激励）最后，我们将通过表扬和奖励机制来认可团队成员的努力和成就，激发团队的积极性。我们知道，只有通过团队成员的共同努力，我们才能有效地应对即将到来的流感季节。

通过这个案例，我们可以看到"引领团队"表达框架在体制内的具体应用，以及如何通过倾听、赋能、设定目标和激励来加强团队之间的沟通与合作，进而提振团队的士气。

◎运用好引领团队"万能公式"的两个原则

运用好引领团队"万能公式"，要把握两个原则。

原则一：倾听为基

"倾听为基"，不是只听别人说什么，而是要深入理解对方的观点和需求。这意味着领导者应当主动倾听团队成员的意见和建议，确保每个人的声音都被尊重。通过倾听，领导者能够更好地了解团队成员的需求、期望和担忧，这有助于领导者做出更明智的决策，并确保这些决策能够得到团队成员的支持。

举例

区残联正在举行一次专题会议，旨在讨论如何更好地为残疾人提供支持和服务，残联主席刘强主持会议，各部门负责人及团队代表参加。

同志们：

今天，我们在这里共同讨论如何更好地为残疾人提供支持和服务。我相信，今天的交流和讨论，可以进一步加强我们之间的沟通与合作，共同推动这项工作的顺利进行。（**倾听为基原则**）今天在场的每位同志在这方面的工作经验都很丰富，有着独特的见解和建议，这对制定有效的支持和服务措施至关重要。因此，为了确保我们能够充分倾听团队成员的意见和建议，我提议我们在会议中预留一段时间，让大家自由发言。无论是关于现有的服务项目，还是对未来服务的建议，我都希望每个人都能有机会表达自己的看法。

通过这个案例，我们可以看到倾听为基原则在体制内的具体应用，以及如何通过主动倾听团队成员的意见和建议来加强沟通与合作。

原则二：赋能为翼

"赋能为翼"，不仅是提供资源和支持，更是激发团队成员的潜能。这要求领导者不仅给予团队成员必要的资源和支持，还需要通过培训、指导、授权等方式帮助他们发挥潜力，提升个人能力。因此，领导者应当识别团队成员的优势和发展需求，并提供相应的培训和发展机会，比如让团队成员参加专业研讨会、接受技能培训或是参与特别项目等。

举例

　　区委宣传部拟策划一场大型文化宣传活动，部长李华主持召开动员会议，各部门负责人及代表参加。

尊敬的各位同事：

　　大家好！今天，我们召开动员会议，旨在成功策划一场大型文化宣传活动。

　　首先，我们将收集每位成员的想法和建议，确保所有声音都被重视。（**赋能为翼原则**）同时，我们将提供培训、授权和支持，激发每位成员的潜能。例如，针对新媒体运营及视频制作，安排专业培训，并让有意愿的同事参与到高层次项目中。

　　接下来，我们将进一步设定清晰的目标，包括完成方案设计、筹备工作和确保活动顺利进行。同时，建立进度检查机制，确保任务按计划推进。

　　活动结束后，我们将公开表扬成绩显著的个人或小组，分享成功经验，并建设性地帮助改进未达预期的情况。

相信经过大家的一致努力，此次活动定能圆满成功！

谢谢大家！

通过这个案例，我们可以看到赋能为翼原则在体制内的具体应用，以及如何通过为团队成员提供成长和发展所需的工具和机会来加强团队之间的沟通与合作，进而提升团队的整体表现。

AI提示词：

县疾控中心正在举行一次专题会议，旨在讨论即将到来的流感季节的预防措施，并规划相关工作重点，请你扮演中心主任进行发言，发言时遵循"引领团队：倾听＋赋能＋目标＋激励"的表达框架，字数为2000字，文风严谨。

第 3 节 组织研讨：探讨 + 汇聚 + 激辩 + 提炼

会议室里，同事们围坐一堂，桌上摆满了文件和笔记本，空气中弥漫着淡淡的咖啡香。这个特别的研讨会的目的是为一个重要议题找到最佳解决方案，并制订出明确的行动计划。

◎ **组织研讨"万能公式"**

在实际沟通中，整场会议尽管表面上一切井然有序，大家也都积极参与讨论，但各自背后代表着不同部门利益，有时会有所保留，避免触及敏感话题，这导致一些关键问题没有被充分讨论。此外，尽管主持人努力维持开放的讨论氛围，但仍难以避免"权威效应"，即职

位较高或资历较深的人士的观点更容易被采纳，而职位较低或年轻的
成员即使有创新的想法也难以受到足够的重视。运用组织研讨"万能
公式"就能解决这些问题。

组织研讨"万能公式"如图3-3所示。

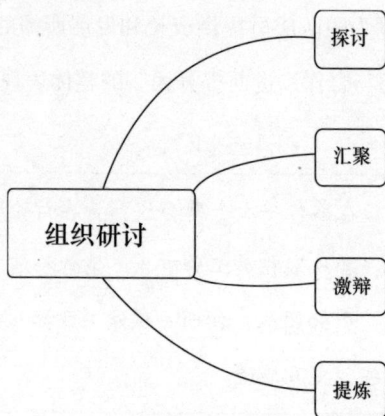

图 3-3　组织研讨"万能公式"

探讨：探讨阶段，参与者围绕特定议题展开初步讨论，目的是鼓
励自由思考和开放交流。比如："我们首先邀请每位同志分享关于项
目实施的初步想法，以确保所有视角都被充分考虑。"这一阶段强调
的是营造一个开放的环境，让每个人都可以畅所欲言，不必担心观点
受到批评或否定。

汇聚：汇聚阶段，对前面讨论内容进行整理和归纳。比如："现
在，请各位根据刚才的讨论，整理出我们共同认可的关键点，以便进
一步分析。"在这个过程中，参与者的观点被汇集起来，形成较为全
面的讨论内容。这一步骤不仅可以帮助团队避免遗漏重要细节，还可

以促进团队成员之间的相互理解和支持。

激辩：激辩阶段，是整个研讨过程中最具挑战性但也最有价值的阶段。比如："接下来的时间，我们将针对几个重点问题进行深入讨论，希望各位能畅所欲言，提出不同的看法。"在这里，不同观点之间的碰撞和辩论是必不可少的，因为它们能促进深入思考并揭示潜在问题。通过良性辩论，团队可以发现可能存在的盲点，并对现有方案进行改进。

提炼：提炼阶段，将之前讨论的所有内容整合成一个清晰、可行的行动计划。比如："经过充分讨论，我们现在需要将讨论成果汇总，提炼出最终的实施方案，明确下一步的行动计划。"这一步骤要求团队成员共同努力，从众多观点中提炼出核心要素，并确定下一步的行动计划。在这一阶段，所有参与者会对最终结果有共同的理解，并准备好采取行动。

场景案例

在区行政审批局的会议室里，局长张明和各部门负责人及骨干成员齐聚一堂，共同参与一次关于优化审批流程的研讨会。

（探讨）局长张明："各位同志，今天我们聚集在此，目的是共同探讨如何进一步优化审批流程。希望大家能够畅所欲言，分享你们的意见和建议。"

（汇聚）副局长王丽："经过大家的初步讨论，我记录了几个关键点，包括减少不必要的材料提交环节、简化内部流转程序等。

接下来，我们需要进一步细化这些内容。"

（激辩）业务科主任李华："我认为我们应该引入电子签名系统，这样可以大大减少纸质文件的流转时间。不过，这也涉及信息安全问题，我们需要详细评估其可行性。"

（提炼）局长张明："综合大家的意见，我们决定引入电子签名系统，并简化部分审批环节。下一步，我们将制订详细的实施计划，并分配具体的任务给各个科室。"

在这个案例中，区行政审批局通过"探讨+汇聚+激辩+提炼"，有效地促进了内部沟通，明确了优化审批流程的方向，展现了严谨、高效的会议风格。

◎运用好组织研讨"万能公式"的两个原则

运用好组织研讨"万能公式"，要把握两个原则。

原则一：建设性反馈

建设性反馈是一种重要的沟通技巧，旨在通过鼓励和支持的方式来促进个人和团队的成长与发展。建设性反馈原则意味着领导者要使用积极的语言，提供实例，平衡正负反馈，提出具体建议，倾听接收者的回应，并给予其持续的鼓励和支持。

举例

区商务局的大会议室里，局长韩钊召集了各部门负责人和业务骨干参加关于提升服务质量的研讨会。

（探讨）局长韩钊："各位同志，今天我们聚集在此，目的是共同探讨如何进一步提升服务质量。希望大家能够畅所欲言，分享你们的意见和建议。"

（**汇聚**）副局长王丽："经过大家的初步讨论，我已经记录了几个关键点，包括提升接待窗口的服务质量、简化办理流程等。接下来，我们需要进一步细化这些内容。"

（**激辩**）业务科主任李华："我认为我们应该引入在线预约系统，这样可以大大减少排队等待的时间。不过，我们也需要考虑信息安全问题，确保群众信息的安全。"

（**建设性反馈原则**）在激辩阶段，业务科主任李华提出了引入在线预约系统的建议，但同时也提到了信息安全问题。

副局长王丽："李主任提出的在线预约系统是一个非常好的建议，它可以显著提高我们的服务效率。确实，信息安全是一个不容忽视的问题。我建议可以设立专门的信息安全小组，负责系统的安全维护。同时，也可以邀请外部专家进行安全评估，确保系统的安全性。"

（**提炼**）局长韩钊："综合大家的意见，我们决定引入在线预约系统，并加强信息安全保障。下一步，我们将制定详细的实施计划，并分配具体的任务给各个科室。"

在这个案例中，副局长王丽在肯定业务科主任李华的建议的同时，也提出了具体的改进建议，并给予了支持和鼓励，体现了建设性反馈原则。这种做法有助于促进团队成员之间的信任和尊重，营造一个积极向上的工作氛围。

原则二：团队为王

团队为王是一种至关重要的工作理念，旨在通过成员之间的相互支持和协作来共同解决问题。这意味着：每个团队成员都应该被视作有价值的贡献者，无论其职位高低；每个人都应该清楚自己在项目中的角色和责任，共同努力寻找解决方案；当团队取得进展或达成目标时，应该共同庆祝。

举例

市人民法院的会议室里，院长朱彬彬召集法官、书记员和其他工作人员参加关于进一步提高案件审理效率的研讨会。

（探讨）院长朱彬彬："各位同志，今天我们聚集在此，目的是共同探讨如何进一步提高案件审理效率。希望大家能够畅所欲言，分享你们的意见和建议。"

（汇聚）副院长张华："经过大家的初步讨论，我记录了几个关键点，包括优化立案流程、提高审判效率等。接下来，我们需要进一步细化这些内容。"

（激辩）民事审判庭庭长赵伟："我认为应该引入电子诉讼平台，这样可以大大提高立案和审理的速度。不过，我们也需要考虑培训法官和技术支持的问题。"

……

（团队为王原则）副院长张华："各位同志，我们已经讨论了很多有价值的观点。我提议，我们可以成立一个专项工作组，由民事审判庭、刑事审判庭和行政审判庭的代表组成，共同负责优化立案流程的工作。这样可以确保各个庭室的需求都得到满足，同时也能加快改革的步伐。

（**提炼**）院长朱彬彬："综合大家的意见，我们决定引入电子诉讼平台，并加强相关人员的技术培训。下一步，我们将制定详细的实施计划，并分配具体的任务给各个庭室。"

副院长张华强调了团队合作的重要性，并鼓励各审判庭之间相互支持，共同解决问题。这种做法有助于汇聚集体智慧，达到更好的效果。

AI 提示词：

区行政审批局准备举行一场关于优化审批流程的研讨会，请你扮演局长主持整个讨论环节，遵循"组织研讨：探讨＋汇聚＋激辩＋提炼"的表达框架，字数为 2000 字，文风严谨。

第 4 节　收集意见："HEAR"倾听沟通法

在向下沟通中，"有效"被视为确保团队合作与项目成功的关键因素之一。"有效"二字不仅体现为帮助组织有效地收集员工意见，而且体现为根据整理意见制定行动计划，确保将这些反馈纳入决策过程，并向所有参与者通报最终决定及理由。这样，不但能体现对员工意见的重视和尊重，还能够增强团队成员的信任感和归属感，从而为更高效的协作打下坚实的基础。

◎收集意见"万能公式"

在实际沟通中，收集意见时可能会遇到一系列问题。具体而言，面临的主要问题包括：时间限制导致参与者无法充分表达，沟通技巧不足影响信息的准确传达，缺乏反馈机制使得员工质疑意见的真实价值。运用收集意见"万能公式"就能解决这些问题。

收集意见"万能公式"如图3-4所示。

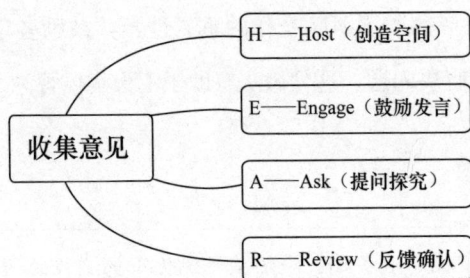

图3-4　收集意见"万能公式"

Host（创造空间）：为参与者创造一个安全、无偏见的环境，让他们能够自由地表达意见和感受。比如："今天，我们致力于创造一个开放且尊重的空间，让每个人都能自由地表达自己的意见和感受。"这一环节的目的是确保每个人都有机会表达意见和感受，不被打断或立即评判。

Engage（鼓励发言）：鼓励所有参与者积极分享他们的观点，尤其是那些平时较少发言的人。比如："现在我想特别邀请平时较少发言的同事分享他们的见解。"这一环节的目的是主动邀请平时较少发言的员工表达意见，并确保他们知道自己的贡献受到重视。

Ask（提问探究）：通过提问来深入了解员工的想法，帮助澄清模糊点，并进一步探索潜在的问题和解决方案。比如："为了更好地理解你的观点，你能否详细说明具体的情况？"这一环节的目的是提出开放式问题，鼓励员工详细解释，并寻求具体事例来支撑观点。

Review（反馈确认）：将听到的信息进行总结反馈，确保理解的准确性，并表明对话者的意见被认真对待。比如："根据你的发言，我认为你关注的是……这是否准确反映了你的意见？"这一环节的目的是在每个人发言后，重述关键点并询问是否准确反映了其意见。

场景案例

区政协计划举办一场关于社区发展策略的专题研讨会，会议由区政协主席主持，预计有政协委员、社区代表、企业代表和普通市民等多方参与。

尊敬的各位委员、各位代表、市民朋友们：

感谢大家的到来！今天，我们的目的是共同探讨社区发展的未来方向。

（Host：创造空间）在这里，我们致力于创造一个开放且相互尊重的空间，让每个人都能自由地表达自己的意见和感受。

（Engage：鼓励发言）现在我想特别邀请平时较少发言的委员和市民朋友分享他们的见解，我们非常重视每一位参与者的声音。

……

（Ask：提问探究）为了更好地理解你的观点，请问你能否详细说明具体的情况？你认为有哪些潜在的解决方案可以考虑？

（Review：反馈确认）根据你的发言，我认为你关注的是社区绿化和公共设施的改善。请问这是否准确反映了你的意见？

（反馈示例）

政协委员A："我非常赞同加强社区绿化的工作，这不仅可以美化环境，还有助于提高居民的生活质量。"

社区代表B："我们社区的老年人特别希望能够增加一些适合他们的休闲设施，比如休息椅和遮阳亭。"

企业代表C："我认为可以引入一些小型企业参与到社区服务中来，这既能为居民提供便利，也能带动就业。"

通过这样的研讨会，区政协能够收集到多元化的意见，从而制定更为全面和合理的社区发展策略。

◎运用好收集意见"万能公式"的两个原则

运用好收集意见"万能公式"，要把握两个原则。

原则一：及时性

这一原则是指在收到员工的意见和建议后，管理者应当迅速给予反馈或采取相应的行动，表明管理者重视员工的声音，并且愿意积极地解决问题。

举例

区经济合作和外事局副局长但健，负责协调本区内企业与国外合作伙伴之间的经济合作项目。近期，区内一家重点企业提交了一份关于加强与欧洲某国合作的提案，希望政府能够提供更多的支持和便利条件。副局长但健需要组织一次内部会议来讨论提案，并尽快给予反馈。

各位同志：

早上好！感谢大家能在这么短的时间内参加这次紧急会议。今天我们将讨论区内一家重点企业提交的一份关于加强与欧洲某国合作的提案。这份提案对我们来说非常重要，因为它不仅涉及我们区内的经济发展，也与我们长期以来努力推动的国际化战略紧密相关。

根据提案的内容，我们需要讨论的是如何在政策、资金和技术等方面给予支持。同时，我们还需要考虑如何加快审批流程，确保该企业在最短时间内能够开始实施计划。

（**及时性原则**）我想强调一点，我们在处理这个问题时必须遵守"及时性"原则。我们需要尽快给出反馈，不能让企业的期待落空。因此，我希望每一位同事都能够提出自己的看法，并且在接下来的一小时内形成初步的意见。我们的目标是在今天会议结束前给出一份明确的反馈意见书，然后由我交给企业负责人。

通过以上发言，我们可以看到副局长但健是如何强调及时性原则的重要性的，以及如何将其应用于实际工作中，以确保与区内企业的有效沟通和合作。

原则二：持续性

这一原则指的是将"HEAR"倾听沟通法作为一种长期坚持的沟

通习惯和机制，而不是仅仅在特定场合或一次性事件中使用的方法。这种持续性的做法有助于构建更加稳固的信任基础，促进团队成员之间的相互理解和支持。

举例 ✏

市委编办副主任朱力负责机构编制管理与人事调配等工作。近期，市委编办正在推进一项旨在优化机构设置和人员配置的重大改革。为了确保改革顺利进行，并获得广泛支持，副主任朱力决定采取一系列措施来持续收集意见并积极响应。

各位同志：

大家上午好！非常感谢大家能在今天来到这里参加这次特别会议。今天，我们讨论的主题是正在进行的机构设置和人员配置改革。这项改革对我们来说至关重要，因为它涉及我们如何更高效地服务市民和实现我们的使命。在这个过程中，我们非常重视每一位同事的意见和建议。

（**持续性原则**）我要特别强调的是，我们这一次收集意见不是一次性的活动，而是一种持续性的实践。为了实现这一点，我们将在未来的几周内采取以下措施。

一是定期召开反馈会议：我们将每个月至少召开一次反馈会议，邀请不同部门的同事参与，收集他们的意见和建议。

二是设立意见箱：在办公室内设置一个意见箱，任何人都可以在任何时间提交书面意见或建议。

三是开展在线调查：我们会通过电子邮件或办公系统发送在

线调查问卷，以便更多人参与进来。

为了确保这一过程的持续性，我们将建立一个专门的小组来跟踪收集到的意见和建议，并负责制定具体的行动计划。此外，我们还将设立一个反馈跟踪机制，定期更新大家提出的建议以及采取的措施。同时，我们还会持续不断地跟进这项工作。每三个月，我们将对这一过程进行一次全面回顾，评估我们的进展，并根据需要调整策略。我相信，通过大家的共同努力，我们一定能够成功推进这次改革，为我们的工作带来实质性的改善。

通过以上发言，我们可以看到副主任朱力是如何在实际沟通中强调持续性原则的重要性的，以及如何将其应用于实际工作中。

AI 提示词：

区政协计划举办一场关于社区发展策略的专题研讨会，旨在收集政协委员和社会各界人士的意见，以期形成更加完善的发展方案。请你扮演区政协主席主持会议，发言内容遵循"收集意见：'HEAR'倾听沟通法"的表达框架，字数为 2000 字，文风严谨。

第 5 节　传达指令："5 清指令"沟通法

在体制内，常常会有优先级任务部署、政策实施指导、项目启动、年度目标设定、紧急情况应对等关键任务。这时候便需要通过明确目标、路径、成果、责任与时限，减少执行层面的歧义，增强团队的执行力与协同性，从而保证各项决策与指令得以快速且准确地落实。

◎传达指令"万能公式"

在实际的指令传达过程中，通常会有一系列问题影响信息的准确度与执行的效率。首先，信息在传递中往往会失真；其次，当指令中没有清晰指定责任人时，团队成员可能会因不确定自身角色而感到困惑，甚至引发相互推诿的现象；最后，缺乏有效的双向反馈机制，使得上级难以实时获取执行反馈，无法及时了解事情进展或解决突发问题，这不仅限制了决策的灵活性，也增加了任务失败的风险。运用传达指令"万能公式"就能解决这些问题。

传达指令"万能公式"如图3-5所示。

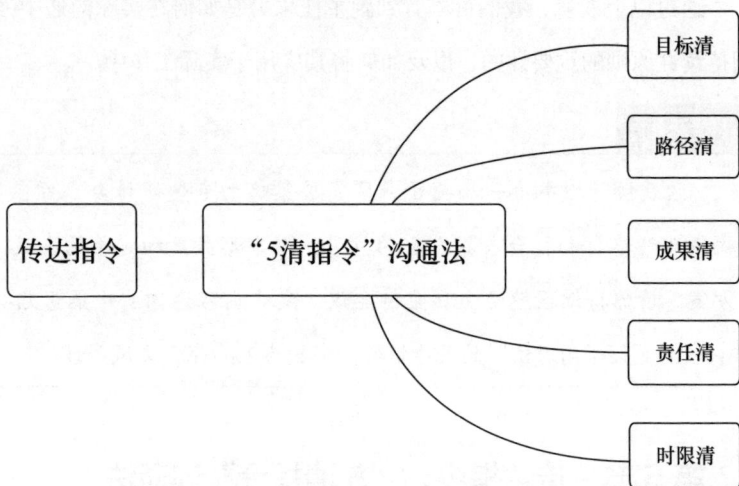

图3-5　传达指令"万能公式"

目标清：明确核心目标。比如："根据《年度工作计划》，本处室的主要目标是在本财政年度结束前，全面梳理并优化公共服务流程，以提升行政效率和服务质量。"这不仅涉及最终要达成的具体结果，还包括任务的背景、重要性及预期影响。目标的表述应量化、具体，以便于后续评估是否达到预期标准。

路径清：详细规划实现目标的具体步骤和方法。比如："为达成上述目标，将依次开展现状评估、流程再造、员工培训和公众意见收集四个阶段工作，每个阶段均需形成阶段性报告。"路径包括但不限于工作流程、操作指南和关键环节。路径的清晰性能确保执行者对整个过程有全面的了解，能够按部就班地推进工作。

成果清：明确完成任务后应呈现的成果。比如："项目完成后，预期成果包括一套标准化的公共服务流程手册、员工服务技能提升报告以及公众满意度提升至90%以上的调查结果。"明确的成果描述有助于执行者在执行过程中对照检验，同时也为后续的评价和反馈提供了依据。

责任清：清晰界定任务执行中的各个角色及其职责范围。比如："张科长负责全面协调项目进度，王副科长专责流程优化工作，李科员则具体负责公众意见的收集与整理，各责任人须定期向主管领导汇报进展情况。"责任的明确化有助于增强个人的责任感，减少推诿现象，确保任务的高效执行。

时限清：设置任务的完成时间表，包括总体截止日期和各个阶段的关键时间节点。比如："项目启动时间为本月15日，现状评估需在两个月内完成；整个项目最迟于今年12月31日前全面竣工，并提交总结报告。"时限的设定有助于控制项目进度，确保任务能在预定时间内顺利完成。

场景案例

在市业余体校年度训练计划会议上，校长张伟正在主持一场关于新一年训练与竞赛目标的讨论。

尊敬的各位同志、亲爱的运动员们：

（**目标清**）我们今年的主要目标是在省运会上获得金牌榜前三名，同时，至少有50%的运动员能够达到国家一级运动员的标准，这将是我们共同努力的方向。

（**路径清**）为了实现这些目标，我们将采取以下措施：首先，为每位运动员制定个性化训练计划；其次，加强与专业体育科研机构的合作，引入先进的训练方法；再次，开设定期的心理辅导和营养指导课程；最后，提高模拟比赛的频率，以提升实战能力。

（**成果清**）我们的期望成果包括：每位运动员的技术动作更加规范，心理素质显著提高，以及体能测试成绩达到或超过去年平均水平的10%。此外，我们还希望看到更多的运动员在省运会中获得个人最佳成绩。

（**责任清**）我本人将负责整体项目的监督和协调，体育训练科李主任将负责训练计划的制定与执行，心理辅导和营养指导则分别由教育科的王老师和后勤保障部的陈部长负责。每位负责人需每月提交进度报告，确保项目按计划推进。

（**时限清**）个性化训练计划将在本月内完成制定，下月开始实施；与专业体育科研机构的合作协议需在两个月内签署；心理辅导和营养指导课程从第二季度起每周进行一次；训练将持续到省运会前一周，确保运动员有充足的时间调整状态，迎接比赛。

通过张校长的发言，市业余体校的全体成员对新一年的训练目标、路径、预期成果、各自的责任以及时间安排有了全面而清晰的了解，为接下来的训练与竞赛打下了坚实的基础。

◎运用好传达指令"万能公式"的两个原则

运用好传达指令"万能公式"，要把握两个原则。

原则一：可行性

在实际工作中，确保目标具体现实、路径切实可行、成果可测量、责任明确合理、时限充分考虑实际，是计划能够成功的关键。这要求我们在设定目标时立足实际，规划路径时充分考量资源约束，明确成果标准，合理分配责任，同时设定合理的完成期限，确保每项任务都能在现有条件下得到有效执行。

举例

在区档案馆的年度工作会议上，馆长李华正在向全体馆员介绍即将启动的档案数字化项目。

同志们：

我们即将开展的档案数字化项目，旨在将馆藏的珍贵历史文献转化为电子格式，以提升查阅效率和保存安全性。（**可行性原则**）在规划这个项目时，我们充分考虑了本馆的人力资源、技术条件和资金预算。（**目标清**）我们的目标是：在未来两年内完成至少80%的纸质档案数字化，同时建立一套完善的数据管理系统。（**路径清**）为实现这一目标，我们已制定详细的实施计划，包括分阶段进行档案扫描、数据录入和系统开发。（**成果清**）预计在第一年内完成基础设施建设，第二年则重点转向数据迁移和用户界面优化。（**责任清**）实施过程中的每一步都将由专门的小组负责，确保责任明确。（**时限清**）整个项目将设立月度和季度审查点，以监控进度并确保在2026年年底前完成所有预定目标。我有信心，在大家的共同努力下，这个项目不仅可行，而且必将成功。

这段发言中，李华馆长特别提到："在规划这个项目时，我们充分考虑了本馆的人力资源、技术条件和资金预算。"这说明提出的方案具有可行性。

原则二：动态调整

项目的具体执行需保持灵活性，根据实际情况适时调整目标、路径、责任或时限，以应对环境变化。这意味着在面对外部挑战或内部条件变动时，需灵活调整目标以保持战略相关性，优化路径以提升效率，适时再分配责任以确保团队动力，同时根据项目进展合理修订时限，确保项目在动态环境中持续向前，最终达成既定目标。

举例

区文化馆正在筹备一年一度的艺术节活动，由于近期天气预报预测活动期间会有暴雨，馆长赵丽召集全体工作人员召开紧急会议，讨论应对策略。

各位同志：

鉴于最新的气象信息，我们原定的艺术节户外演出和展览可能面临严重挑战。（**目标清**）为了保证参与者的安全和活动的顺利进行，我们需要立即调整计划。（**路径清**）首先，我们将取消所有露天活动，转而将表演和展览移至室内场地。（**成果清**）虽然这些调整带来了额外的工作量，但我相信，通过我们的团队合作和灵活应变，我们仍然能够举办一场精彩纷呈的艺术节活动，为大家带来难忘的文化体验。（**责任清**）其次，宣传部将更新宣传材料，通知所有参与者和媒体新的活动安排。对于已经购买户外活动门票的参与者，我们将为其提供退款或更换为室内活动门票的选项。最后，我们将缩短部分活动的时长，以适应室内空间的限制。（**时限清**）为此，我们需要与场地租赁公司紧急联系，确保有足够的空间容纳所有节目。

值得注意的是，由于这是一个应对突发情况的动态调整案例，时限的具体数值没有被明确提出，但"紧急"一词暗示了时限的紧迫性。此外，"成果清"和"责任清"在实际操作中还需要进一步细化和明确，以确保调整后的计划顺利执行。

AI提示词：

在市业余体校年度训练计划会议上，校长张伟正在主持一场关于新一年训练与竞赛目标的讨论，请你扮演校长张伟准备发言，内容遵循"传达指令：'5清指令'沟通法"的表达框架，字数为2000字，文风严谨。

第6节 紧急任务:"4W1H"沟通法

为了在紧迫的时间内准确无误地传达信息、分配职责并协调行动,我们需要在短时间里提供一个清晰、结构化的沟通模板,以提高信息传递的精确度和效率。这样不仅能够显著减少因信息不全或误解导致的延误和混乱,还能够促进团队成员之间的有效协作,提升整个组织在面对突发事件时的响应速度和处理能力。

◎**紧急任务"万能公式"**

紧急任务下达时,总会存在信息不对称导致关键指令延迟或失真,责任界定不清而造成执行主体不明,缺乏具体操作指南使得执行者无所适从,以及高压力环境下的情绪波动影响团队协作与决策效率。运用紧急任务"万能公式"就能解决这些问题。

紧急任务"万能公式"如图3–6所示。

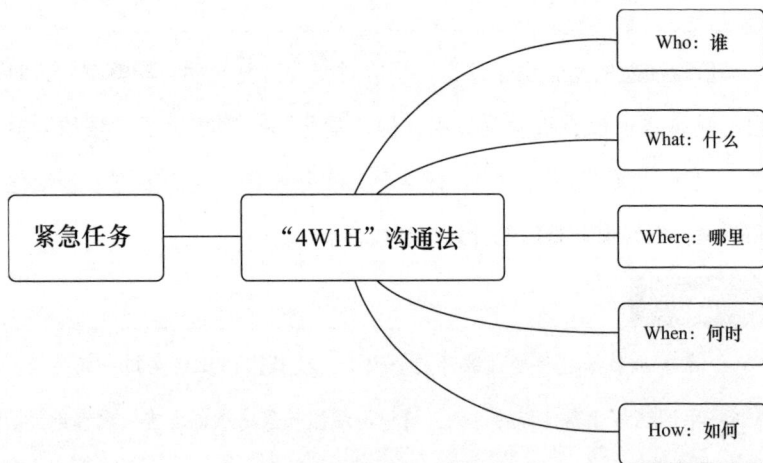

图3–6 紧急任务"万能公式"

Who（谁）：这部分旨在明确任务的责任主体，无论是个人还是团队，都需要清晰指定责任主体。比如："根据县委办最新指示，由秘书科张科长负责协调全县××防控物资的分发工作，确保物资及时发放。"通过明确责任人，可以确保任务的归属明确，避免执行过程中的责任推诿，同时也有利于后续的问责和绩效评估。

What（什么）：这部分描述紧急任务的具体内容和目标。比如："县委办需在本周内完成对全县各乡镇上半年经济运行情况的汇总分析报告，以供县委领导决策参考。"这意味着详细列出任务的要求、期望成果以及可能涉及的规范或标准。

Where（哪里）：完成任务的地理位置或具体环境。比如："此次会议将在县政府一楼多功能厅举行，所有参会人员须准时到达指定地点。"这可能包括办公场所、项目现场、会议地点或其他特定区域。明确地点对资源调配、现场协调和安全考量至关重要，尤其是对完成需要实地操作或跨地域合作的任务十分重要。

When（何时）：这部分设定任务的起止时间，包括开始执行的时间和完成的最后期限。比如："关于庆祝教师节活动的筹备工作，务必于本月30日前完成全部策划方案的提交，以便后续审批。"起止时间的设定对任务优先级的确定和时间管理至关重要，有助于执行者合理安排工作日程，确保任务按期完成。

How（如何）：这是对任务执行方式和步骤的说明，包括所需资源、技术手段、流程指导以及可能的应急预案。比如："针对近期群众反映强烈的环境污染问题，县委办应按照既定流程，先收集整理各方意见，再组织相关部门召开专题会议讨论解决方案，确保依法依规处理。"这一步骤尤其重要，因为它涉及遵循既定程序，确保任务执行的专业性和合规性。

场景案例

市卫健局正在进行紧急的流感防控工作会议，会议参加人员是各个区县卫健系统的负责人以及疾控中心的专家，市卫健局局长李华发言。

各位同志：

大家好！鉴于近期我市流感病例频发，我们今天紧急召集各区县卫健系统负责人及疾控中心的专家，共同商讨防控策略，确保市民的健康安全。

（Who：谁）市疾控中心和各区县卫健局将共同负责流感防控工作。我作为市卫健局局长，将亲自督导，确保每一项防控措施都能落实到位。

（What：什么）我们的首要任务是强化流感防控措施，具体包括加强入境人员的健康监测、开展流行病学调查。同时，我们将增加公众健康教育，增强市民对流感的认识和个人防护意识。

（Where：哪里）重点防控区域包括机场、火车站、长途汽车站等交通枢纽，以及市区内人口密集区，特别是学校、医院和养老院等高风险场所。

（When：何时）所有防控措施必须在明天上午9点前准备就绪。我们将密切跟踪流感疫情发展，根据实际情况适时调整防控策略。

（How：如何）我们将依据国家卫健委发布的最新版流感防控指南，结合本地实际情况，制定详细的防控手册。此外，我们将加强与兄弟城市的交流学习，共享最新的防控经验。

各位同志，流感防控工作关系到每一位市民的健康和生命安全。让我们齐心协力，科学防控，为保护全市人民的身体健康贡献自己的力量！

谢谢大家！

李局长的讲话，不仅明确了当前流感防控工作的紧迫性和重要性，更为在场的每一位参与者提供了清晰的行动指南，展现了市卫健局在面对公共卫生危机时的果断和专业。

◎**运用好紧急任务"万能公式"的两个原则**

运用好紧急任务"万能公式"，要把握两个原则。

原则一：紧迫性

处理紧急任务时，紧迫性原则居于核心地位，强调时间的价值。此原则要求信息传递必须迅速，决策与行动需立即同步，以减少反应时间。为确保信息即时触达，应及时建立应急通信机制，简化决策流程，授予关键人员即时决策权，确保其在紧急时刻展现出高效、有序的专业形象，及时解决问题，保障社会秩序与公众安全。

举例 ✎

在一个突发的紧急情况下，区应急管理局局长王建国在指挥中心召开紧急会议。

同志们：

我们接收到气象部门的紧急通报，预计未来2小时内，本区将遭遇强降雨，存在山洪和泥石流风险。现在立即启动应急预案。

（Who：谁）我任命副局长李明负责现场指挥，各科室即刻进入紧急状态，确保人员到位。（What：什么）我们的首要任务是确保人民群众安全，迅速完成预警信息发布和危险区域的人员疏散。（Where：哪里）重点防范区域包括山区和沿河地带，特别是居民区和学校。（When：何时）预警信息必须在接下来的10分钟内通过所有渠道发布，疏散工作需在半小时内完成。（How：如何）办公室立即启动全区警报系统，交通部门封闭易受灾道路，民政部门协调安置点，医疗组准备应急救援。

我们的时间非常有限，必须争分夺秒。各负责人，即刻行动，确保每一项指令都能迅速执行到位。人民的生命安全高于一切，这是我们共同的责任。

王建国局长的发言简洁有力，紧扣"4W1H"沟通法，确保了信息的准确传达与任务的迅速执行，充分展示了在紧急情况下体制内高效运作的特点。

原则二：简洁高效

在紧急情况下，简洁高效原则是信息传递与决策执行的基石，它要求沟通时去除冗余，直击核心，确保关键信息快速消化与决策快速执行。这时候应尽量使语言精练，迅速进入主题，直接传达行动要点。

举例

税务系统突然出现故障，在此期间，市税务局信息技术科科长刘明召开紧急会议，向全体相关部门负责人传达恢复系统运行的紧急指令。

各位领导、同事：

我们面临的是系统故障导致的纳税申报中断问题，现在，我就此项工作进行汇报说明。

（Who：谁）请信息技术科全体成员立即行动，由副科长赵刚负责现场指挥，各部门需全力配合。（What：什么）任务是尽快恢复税务系统的正常运行，确保纳税人在下午3点前能够重新进行申报。（Where：哪里）故障排查和修复工作在数据中心进行，客户服务部在前台提供紧急咨询服务。（When：何时）立即开始行动，预计在两小时内排除故障，最晚不超过中午12点。（How：如何）赵副科长，你带领技术团队检查主服务器，同时启动备用系统；客户服务部准备应急处理方案，引导纳税人使用其他渠道申报。

时间紧迫，我们必须争分夺秒，各部门有任何疑问，立即与赵副科长沟通，确保系统尽快恢复正常。

刘明科长的发言简短有力，紧扣"4W1H"沟通法，体现了在紧急情况下体制内高效运作的特点，同时也完美诠释了简洁高效原则在实际操作中的应用。

AI提示词：

AI提示词：

市卫健局正在进行紧急流感防控工作会议，会议参加人员是各个区县的卫健系统负责人，以及疾控中心的专家们，请你扮演市卫健局局长李华准备发言，内容遵循"紧急任务：'4W1H'沟通法"的表达框架，字数为2000字，文风严谨。

第7节 反馈建议："三明治"沟通法

在向下沟通中，上级会对下级的工作表现提出改进建议或指出不足之处。但为了避免随之而来的人际关系紧张的情况，我们在信息传递的同时，要考虑接收者的感受，从而达到既传达了必要的改进意见，又维护了良好人际关系和工作氛围的沟通目的。

◎**反馈建议"万能公式"**

在实际情况中，提供和接收反馈确实面临挑战。为了有效传递反馈并被积极接受，领导者应建立信任，采用建设性沟通策略，营造开放环境。强调反馈是为了成员间的共同成长而非个人评价，减少员工的防御心态。同时，鼓励双向沟通，让员工感到他们的声音被重视。通过这些方法，组织可以逐步建立一个更加开放、透明且富有成效的反馈机制，促进组织和个人的共同发展。运用反馈建议"万能公式"就能解决这些问题。

反馈建议"万能公式"如图3-7所示。

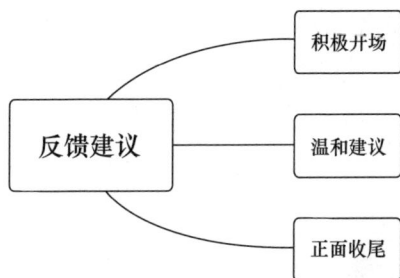

图 3-7 反馈建议"万能公式"

积极开场：强调以积极、正面的评价作为沟通的开端，其目的是营造一个友好且开放的对话氛围，让接收反馈的个体从一开始就能感受到被认可与尊重。比如："李主任，我非常欣赏你在项目推进过程中展现出的卓越领导力和专业素养，特别是在资源调配方面，你的决策显著提升了团队效率。"通过提及对方的优秀特质、近期成就或任何值得赞赏之处，可以有效降低对方的心理防备，为接下来的沟通做铺垫。

温和建议：提出需要改进的地方或存在的问题。比如："在此基础上，我想就报告撰写格式的一致性提出一些建议，我们是否可以在下次提交前，统一采用最新的模板，以确保所有文档的标准化，进一步提升我们的专业形象？"这一部分要求表达者保持敏感，应尽量避免直接指责，而是采取客观、具体且建设性的描述方式，聚焦于行为本身而非个人品质。

正面收尾：在提出改进建议后，再次转向积极的反馈，强调对个人能力的信心与对未来发展潜力的期待。比如："我相信，凭借你的能力和对工作的热情，调整细节后，我们的项目必将更上一层楼，期待你继续引领团队创造更多佳绩。"这一环节对巩固沟通成果至关重要，它不仅能够强化对方的自尊心和自信心，而且还能转化为推动对方成长的动力。通过正面收尾，可以确保整个沟通过程以正面、鼓舞人心的方式结束，留下对对方的支持与鼓励，而非批评带来的挫败感。

场景案例

市机关事务服务中心正在召开每月一次的部门协调会议。会议由主任张伟主持，张主任决定利用这个机会，针对行政部近期的报销流程执行情况提出建议。

各位同志：

（**积极开场**）首先，我要对行政部全体同志表示感谢，你们在过去的一个月中，尤其是在处理紧急会议安排和物资调配方面，展现了极高的效率和专业精神，这对我们整个中心的日常运转起到了至关重要的作用。

（**温和建议**）然而，在审核最近的报销单据时，我发现有几份申请表填写得不够规范，比如缺少必要的签字或日期，这虽然只是一些细节，但对财务部门来说却增加了额外的负担，也拉低了报销流程的效率。我提议，我们可以组织一次简短的培训，专门讲解报销流程的最新规定，确保每个人都清楚无误地了解。

（**正面收尾**）我相信，通过大家的共同努力，一定能够完善这一流程，减少不必要的延误。行政部的各位都是我们中心不可或缺的成员，期待看到各位的持续进步。

张主任通过"三明治"沟通法进行表达，行政部的同事们既感受到了主任的肯定与期待，同时也意识到了改进的必要性。

◎运用好反馈建议"万能公式"的两个原则

运用好反馈建议"万能公式"，要把握两个原则。

原则一：行为导向的建设性反馈

行为导向的建设性反馈原则是反馈建议时尤为重要的一个原则，它倡导高效且尊重个人的反馈方式。这一原则的核心在于，当提出建议或批评时，应当避免直接指责个人的性格或能力，而是将焦点放在具体的行为和事件上，通过客观、具体且建设性的描述方式来传达信息。

举例

市行政审批局正在进行一场关于提升服务质量的内部研讨会，副局长李明正在向工作人员们发表讲话。

尊敬的同事们：

（**积极开场**）首先，我想对大家在上半年中所展现出的卓越服务态度表示衷心感谢。我们收到了许多市民的正面反馈，称赞我们的工作人员不仅专业高效，而且亲切友善，这是我们共同努力的结果，值得我们骄傲。

（**温和建议**）然而，在追求卓越的路上，总会有提升的空间。（**行为导向的建设性反馈原则**）最近，我们注意到在少数情况下，当市民询问较为复杂的问题时，有些同事未能一次性提供完整的信息，这虽然只是个别现象，但足以影响我们的整体形象。我建议，我们可以加强内部培训，特别介绍针对常见复杂问题的解答指南，确保每位同事都能快速准确地响应市民的需求。

（**正面收尾**）最后，我深信，通过我们的共同努力和持续改进，一定能将我们的服务水平推向新的高度。我对我们团队的能力充满信心，期待看到每一位同事在工作中更加出色的表现，让我们一起努力，为市民提供更加优质的服务。

副局长李明的讲话不仅肯定了团队的贡献，指出了具体的改进方向，还以积极的言语鼓励了团队，体现了行为导向的建设性反馈原则。

原则二：及时反馈

及时反馈原则强调对员工行为迅速给出具体、建设性的回应，旨在尽早纠正问题，促进个人成长与团队效率提升。实施时，应确保反馈清晰、双向，选择适当场合，保持冷静与专业，同时平衡正负反馈，以营造积极的工作氛围。

举例

区妇联会议室，一场关于社区活动策划的小组会议刚刚结束。副主席王莉在会议结束后，将小张留了下来，选择了一个相对私密的场合，开始了她的反馈。

（**积极开场**）小张，我非常欣赏你在这次社区活动中所付出的努力，尤其是你在社交媒体上发布的那些创意海报，它们确实吸引了不少年轻人的关注，这正是我们需要的活力和创新。

（**温和建议**）不过，我也注意到了，在活动当天，（**及时反馈原则**）有些参与者反映他们并未收到活动的具体时间和地点信息，这可能是由于我们的信息推送不够全面或及时。我建议，下次活动时，我们可以提前一周通过电话、短信和电子邮件等多种渠道发送确认信息，确保每个人都能及时了解到相关信息。

（**正面收尾**）我相信你有能力处理好这些细节，你的创意和热情是我们团队宝贵的财富。让我们一起努力，把下次的活动做得更加完美，让更多的人民群众受益。

副主席王莉在及时反馈原则的指导下，既肯定了小张的贡献，也提出了具体的改进建议，同时给予了充分的鼓励，这种及时、具体且建设性的反馈方式，有助于促进小张的成长，同时提高团队的凝聚力和工作效率。

AI提示词：

市机关事务服务中心正在召开每月一次的部门协调会议，请你扮演主任张伟主持会议，并针对行政部近期的报销流程执行情况提出建议，内容遵循"反馈建议：'三明治'沟通法"的表达框架，字数为2000字，文风严谨。

第 8 节　激励鼓舞："三心二力"沟通法

工作中，在目标设定、业绩表彰、变革管理和个人发展规划等关键时期，时常通过展现信心、耐心与决心，传递正能量与领导力来提振团队士气，激发个人潜能，增强集体凝聚力。

◎**激励鼓舞"万能公式"**

在实际的沟通中，实现有效激励鼓舞的关键在于满足个性化需求而非仅依赖标准化激励，拓展沟通渠道以促进信息多向流动，以及营造既稳定又鼓励创新的文化氛围。这些实际情况要求体制内沟通策略需细致考量，以构建全面深入的激励体系。运用激励鼓舞"万能公式"就能达到这些要求。

激励鼓舞"万能公式"如图3-8所示。

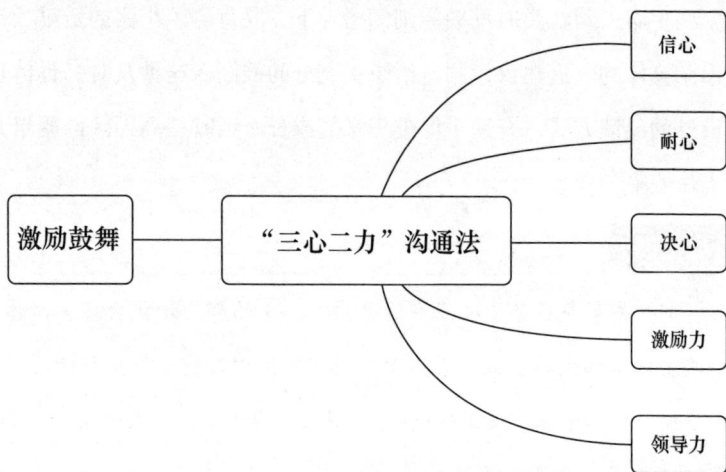

图3-8　激励鼓舞"万能公式"

信心：领导者需展现出对目标实现的坚定信念。比如："我坚信，通过大家的共同努力，我们一定能够克服眼前的难关，实现今年的业务目标，因为历史已经证明，我们团队有着无与伦比的韧性和创新能力。"通过传达积极的愿景与成功的可能性，增强团队成员的信心，激发他们的工作热情和动力。

耐心：在面对挑战和困难时，领导者需保持冷静与提供持久的支持。比如："在项目推进过程中，我理解每个人都会遇到挑战，我希望大家知道，我们有充足的时间和资源去逐一解决这些问题，我在这里，随时准备听取你们的想法和建议。"这一阶段，领导者需要耐心倾听团队成员的意见与困扰，给予解决问题所需的时间和空间，营造宽容与理解的环境。

决心：领导者需对目标坚定不移，即使遇到阻力也不轻易放弃。比如："为了确保我们能够按时完成这项重要任务，我已经制定了详细的行动计划，并设置了关键的里程碑，我们将坚定不移地按照计划执行，直至目标达成。"这份决心体现为制定明确的计划、设定里程碑和采取果断行动，确保团队朝着既定方向前进。

激励力：领导者通过各种方式激发团队成员的内在动力。比如："我看到了大家在最近项目中的出色表现，你们的努力和才华值得被认可。为了进一步激发团队的潜力，我们将设立'最佳创新奖'，表彰那些在工作中展现出非凡创意的个人或小组。"通过设定个人目标、提供成长机会、认可与奖励成就等方式，持续激发团队的积极性与创新力。

领导力：领导者展现出的影响力与指导能力。比如："作为领导者，我承诺将开放沟通渠道，定期举行团队会议，确保每个人的声音都被听到。同时，我会提供必要的资源和培训，帮助大家提升技能，共同推动团队向着更高的目标前进。"这不仅体现在决策与指挥上，更重要的是通过示范作用、有效沟通以及提供必要的资源与支持，帮助团队成员克服困难，实现个人与团队的共同成长。

场景案例

市海事处正在召开关于提升海上救援效率的专题研讨会议，市海事处处长林浩面向全体救援队成员发表讲话。

尊敬的同事们：

（**信心**）首先，我必须表达我的敬意。在过去的一年里，我们面对了前所未有的挑战，但在座的每一位，都展现了非凡的勇气和专业精神。你们的每一次出海，每一次救援，都是对"生命至上"这一理念的最好诠释。我们有理由相信，只要我们心往一处想，劲往一处使，没有克服不了的困难。

（**耐心**）我理解，在高强度的工作下，每个人都有可能感到疲惫和压力。但请记住，我们是一个团队，我们可以共同面对挑战。在这个过程中，我愿意倾听每一个人的声音，无论是建议还是困扰，我都将耐心对待，与大家一起寻找最佳解决方案。

（**决心**）为了确保救援行动更加高效，我们已经制定了详细的战略规划，并与国际救援机构进行了深入合作，引进了先进的技术和装备。我在这里向大家保证，我们将坚定不移地执行这一计划，直到我们成为全国乃至全球领先的海上救援队伍。

（**激励力**）我看到了你们在训练和实战中的卓越表现，你们的勇气和智慧让我深感自豪。为了进一步激发团队的潜力，我将设立"年度最佳救援人员"奖项，表彰那些在关键时刻展现出非凡勇气和专业技能的个人。我期待在年底的颁奖典礼上，看到你们的名字熠熠生辉。

（**领导力**）作为你们的领导，我承诺将全力以赴，为大家提供一切必要的支持和资源。让我们携手并肩，以更高的标准、更坚定的决心，迎接每一次挑战，共同守护这片海洋的安宁。

通过"三心二力"沟通法，林浩处长不仅提升了救援队的士气，也明确了团队的目标和方向，激发了每一位队员的内在动力，为市海事处的海上救援工作注入了新的活力。

◎运用好激励鼓舞"万能公式"的两个原则

运用好激励鼓舞"万能公式"，要把握两个原则。

原则一：个性化与差异化

这一原则是指要认识到团队成员的个体差异，根据每个人的特性和需求，合理地运用激励力与领导力。这意味着在提供指导、激励或支持时，应当考虑每个人的不同背景、能力和目标。

举例

市供销合作社总部正在召开关于提升客户体验与激励员工的内部会议，副主任赵明面向市场部的全体成员发表讲话。

尊敬的同事们：

（**信心**）首先，我必须表达我的信心与骄傲。在座的每一位，都是我们市供销合作社最宝贵的财富。过去的一年里，我们共同经历了市场的起伏，但正是你们的坚韧与创新，让我们在竞争中脱颖而出。

（**个性化与差异化原则**）面对新的挑战，即如何进一步提升客户服务体验，我们必须坚持个性化与差异化原则。这意味着我们要根据每位干部的独特才能和兴趣，量身定制工作内容和发展路径，确保每个人都能在最适合自己的岗位上发光发热。同时，在服务客户时，我们也需要针对不同客户群体的需求，提供定制化的解决方案，让每一位客户都能感受到专属的服务体验。

（**耐心**）我了解到，我们的客户群体非常多元，从本地农户到城市客户，他们对产品的需求和购买习惯各不相同。因此，我们需要细致入微地研究市场，了解不同客户群体的偏好，制定出相应的营销策略和服务流程，让每一位客户都能感受到我们服务的温度和专业。

（**决心**）为了达到这一目标，我决心与大家共同探索，我们将成立专项小组，深入一线，与客户面对面交流，收集反馈，不断优化我们的服务流程。

（**激励力**）我在这里向大家承诺，对每一位在个性化服务方面取得突出成绩的同事，我们将给予公开的表彰和实质性的奖励，让你们的努力得到应有的回报，同时也激励更多的人加入这场创新之旅。

（**领导力**）作为你们的领导，我深知，只有当每一位同事都感到被尊重、被鼓励时，我们的团队才能发挥最大的潜力。因此，我将致力于创建一个开放、包容的工作环境，让大家在实现个人价值的同时，也能为团队的共同目标贡献力量。

副主任赵明的讲话，不仅强调了个性化与差异化原则在提升客户体验中的重要性，还为市供销合作社市场部的员工提供了明确的指导。

原则二：适时地赞扬与认可

这一原则要求上级及时对团队成员的成就给予赞扬和认可，这不仅能够提升团队成员个人的自信心和满意度，也能增强团队的凝聚力，营造积极向上的工作氛围。

举例

市气象局正在召开月度总结大会，局长李华准备在会议中对近期在极端天气预警工作中表现突出的团队和个人进行公开表彰。

尊敬的同事们：

（**信心**）今天，我们聚集在这里，不仅是为了回顾过去一个月的工作，更是为了庆祝我们团队的卓越成就。

（**耐心与决心**）近来，我们的城市经历了前所未有的极端天气，但我们的预警团队以他们的专业精神和团队协作，展现了非凡的能力，成功预测了恶劣天气，为市民提供了及时的预警信息，减少了灾害带来的损失。这是值得我们所有人骄傲的成就。

（**激励力**）在这里，我特别要表彰预警团队的每一位成员，你们的辛勤工作和准确判断，不仅体现了我们气象局的专业水准，更彰显了我们气象局的责任与担当。你们的努力，让我们的城市更加安全，让市民的生命财产得到了更好的保护。

（**领导力**）我看到预警团队在面对挑战时，展现出的不仅有过硬的技术，更有坚韧不拔的毅力。你们的团队精神、你们对工作的热爱，都是我们气象局宝贵的财富。我要对预警团队的组长张伟以及所有成员表示最深切的感谢和最高的赞誉。

（**适时的赞扬与认可原则**）今天，我们不仅是在表扬一个人或一个团队，也是在庆祝我们所有人的成就。每一位同事的努力都应该被看见、被认可。因为你们，气象局才能够不断进步，从而为市民提供更优质的服务。

让我们继续携手，迎接未来的挑战。无论前方有多少困难，只要我们团结一心，就没有克服不了的难关。让我们一起，为创造更美好的明天而努力！

李华局长的讲话，不仅对预警团队的成就给予了及时的赞扬和认可，更展现了他对团队的信心与领导力，强化了团队的凝聚力，激发了全体成员的工作热情，为市气象局营造了一个积极向上、充满活力的工作氛围。

AI提示词：

市海事处正在召开关于提升海上救援效率的专题研讨会议，请你扮演市海事处处长林浩面向全体救援队成员发表讲话，讲话内容遵循"激励鼓舞：'三心二力'沟通法"的表达框架，字数为2000字，文风严谨。

向下沟通实战演练：智者于谷底对话

在一个被群山环抱的幽深谷地，有一处名为智慧谷的隐秘之所。这里，历代智者留下了无数沟通的智慧，而今天，我们将在这里进行一场特殊的沟通演练，以掌握向下沟通技巧。

第一阶段：获取信任——诚言＋尊人＋正行＋助进＋反馈

在智慧谷的入口，我们围坐在一张古老石桌旁，开始了我们的沟通之旅。我，作为引导者，首先运用了"诚言＋尊人＋正行＋助进＋反馈"的原则，以真诚的态度分享了个人的故事与愿景，尊重每一位参与者，展示正直的行为，并提供实质性的帮助，最后给予真实而有价值的反馈。通过这种方式，我们迅速建立了团队的信任基础。

第二阶段：引领团队——倾听＋赋能＋目标＋激励

我们进入了山谷深处，四周静谧，只有风声在耳畔低语。这时，我采用了"倾听＋赋能＋目标＋激励"的策略。我倾听了每个人的声音，理解他们的需求和期望，然后赋能于他们，明确共同的目标，并用鼓舞人心的话语激发大家的潜能。

第三阶段：组织研讨——探讨＋汇聚＋激辩＋提炼

我们来到了一条清澈的小溪边，溪水潺潺，象征着思维的汇聚。在这里，我们每个人都贡献了自己的见解，经过激烈的讨论和辩论，最终达成共识。

第四阶段：收集意见——"HEAR"倾听沟通法

在溪流的一侧，我们坐下来，运用"HEAR"倾听沟通法，即Host（创造空间）、Engage（鼓励发言）、Ask（提问探究）、Review（反馈确认），确保每个人的意见都被认真听取和理解，从而促进了更深层次的沟通。

第五阶段：传达指令——"5清指令"沟通法

当我们准备离开山谷时，我使用了"5清指令"沟通法，即"目标清、路径清、成果清、责任清、时限清"，确保每位成员都能准确理解下一步行动的要求。

第六阶段：紧急任务——"4W1H"沟通法

突然，一场突如其来的风暴迫使我们必须迅速行动。在这种紧急情况下，我立即运用了"4W1H"沟通法，即Who（谁）、What（什么）、Where（哪里）、When（何时）、How（如何），迅速而有效地分配了任务，确保了团队的安全撤离。

第七阶段：反馈建议——"三明治"沟通法

风暴过后，我们安全返回营地。我运用了"三明治"沟通法，即先积极开场，再提出温和建议，最后正面收尾，以温和而有效的方式给予了团队成员宝贵的反馈和建议。

第八阶段：激励鼓舞——"三心二力"沟通法

我们围坐在篝火旁，我运用了"三心二力"沟通法，即信心、耐心、决心、激励力、领导力，分享了这次经历带给我们的启示，激励每个人在未来的工作和生活中都能发挥出最大的潜力。

通过这一系列的沟通实战演练，我们不仅掌握了向下沟通中的八大表达框架，更重要的是，我们学会了如何用心去沟通，用智慧去引领，用勇气去面对挑战，用真诚去获取信任。智慧谷的对话，将成为我们沟通艺术道路上的一座里程碑。

第4章

对外沟通：把握需求，赢得100%的公众满意度

本章系统探讨了与群众有效沟通的策略，包括处理日常咨询、冷静调解矛盾、通俗宣传政策及动员参与活动，介绍了表扬鼓励、处理投诉的方法，并讲解了政策解读和紧急情况下的信息传递技巧，旨在提升对外沟通能力，建立稳固和谐的公共关系。

第1节　日常咨询：倾听需求＋明确解答＋后续跟进

在体制内单位的日常运行中，人民群众前来咨询是常见的场景，无论是了解政策细节，还是寻求具体服务，他们的每一次询问都承载着对公共部门的信任与期待。面对咨询，工作人员需要第一时间准确回应民众关切，确保信息的透明与服务的高效，以此提高民众满意度，实现沟通的顺畅与社会和谐。

◎日常咨询"万能公式"

在实际工作中，人民群众常遇咨询痛点：首先是信息壁垒，专业术语与复杂流程令人望而却步；其次是沟通渠道不畅，电话难通、网络反馈慢、面对面服务时间受限；再次是工作人员态度与专业度不一，影响服务体验；等等。这些痛点不仅挫伤人民群众的信心，也有损单位的形象。运用日常咨询"万能公式"就能解决这些痛点。

日常咨询"万能公式"如图4-1所示。

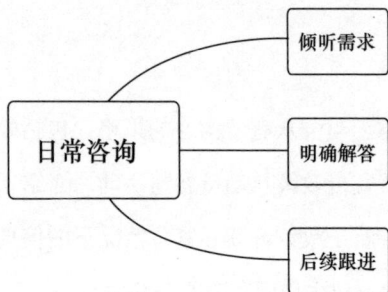

图4-1 日常咨询"万能公式"

倾听需求：这一步骤强调的是，在沟通初期工作人员对人民群众需求的深度理解和全面把握。比如："尊敬的市民，您反映的社保卡补办流程问题已悉，我们将仔细记录您的具体情况，确保理解无误，以便提供最恰当的帮助。"工作人员应以开放和专注的态度，耐心倾听人民群众提出的问题或请求，确保完全理解其核心关切。倾听不仅包括接收信息，还包括主动询问、确认细节，以及表达同情和理解，使收到的信息更加全面和准确。

明确解答： 在理解人民群众需求的基础上，工作人员应提供准确、清晰、专业的解答。比如："根据您所描述的情况，您需要携带身份证原件及复印件前往市民服务中心办理社保卡补办手续，我们已为您预约了本周五上午十点的办理时间，请按时前往。"工作人员不仅要直接回答民众的问题，还要确保信息的准确性和完整性。明确解答要求工作人员具备深厚的专业知识，能够用通俗易懂的语言解释复杂的政策或程序，确保人民群众能够理解并接受。此外，对于无法立即回答的问题，工作人员应承诺查找资料并在合理时间内回复，展现负责任的态度。

后续跟进： 后续跟进是确保咨询效果的重要环节，它体现了体制内单位对人民群众需求的持续关注和服务的闭环管理。比如："我们已安排专员负责您的社保卡补办事宜，预计一周内完成制卡，其间如有任何进展或需补充材料，我们将第一时间通知您，请保持通信畅通。"在解答完初步问题后，工作人员应主动询问人民群众是否有进一步的需求，或者对解答是否满意。对于需要长时间处理的事项，单位应设立跟踪机制，定期向民众更新进展，直至问题完全解决。后续跟进不仅有助于解决潜在的后续问题，还有助于收集民众反馈，用于改进服务流程，提高整体服务质量。

场景案例

地点：某社区党群服务中心大厅。

人物：李阿姨（社区居民），张响（服务中心工作人员）。

李阿姨走进社区党群服务中心的大厅，略显焦急地来到前台，张响正在那里准备迎接前来咨询的居民。

李阿姨："你好，同志，我想咨询一个问题。"

张响："您好，欢迎来到我们服务中心。（**倾听需求**）请问有什么可以帮助您的？"

李阿姨："是这样的，我最近听说咱们社区可以申请老年助餐服务，但是我不太清楚具体的申请流程，也不知道需要哪些材料，你能给我详细介绍一下吗？"

张响："当然可以。（**明确解答**）首先，非常感谢您对我们服务的关注。关于老年助餐服务的申请，您需要填写一份申请表，同时带上您的身份证和户口簿。我这里有一份申请指南，上面有详细的说明，您可以先看一下。如果您在填写表格时遇到困难，我们可以提供协助。"

李阿姨："哦，这样啊。那我还需要等多久才能享受到这项服务呢？"

张响："申请提交后，我们会尽快审核您的资料。（**明确解答**）一般情况下，审核过程大约需要一周的时间。审核通过后，我们会安排专人与您联系，确认助餐服务的开始日期。请您放心，我们会在整个过程中保持与您的沟通，确保您及时得到服务。"

李阿姨："好的，谢谢你的耐心解答，我现在心里就有底了。"

张响："不客气。（**后续跟进**）这是我们应该做的。如果您还有其他问题，或者在申请过程中遇到任何难题，随时欢迎再来咨询。我们的联系方式和办公时间都在这张卡片上，请您收好。"

> 李阿姨："好的，我会的。谢谢。"
>
> 张响："请慢走。祝您身体健康，生活愉快。"

在这个案例中，张响作为服务中心的工作人员，采取了"倾听需求＋明确解答＋后续跟进"的表达框架，体现了体制内单位对民众需求的积极响应和细致关怀。

◎运用好日常咨询"万能公式"的两个原则

运用好日常咨询"万能公式"，要把握两个原则。

原则一：全神贯注倾听

全神贯注倾听，是沟通中的精髓，它要求我们集中全部注意力，不仅听其言，更察其意，通过肢体语言的呼应和适时的反馈，让对方感受到被重视与理解。这种深度的倾听，是获取信任、提升服务质量的关键。

举例

地点：某区税务局服务大厅。

人物：王先生（纳税人），赵静（税务服务窗口工作人员）。

王先生步入区税务局服务大厅，神情略显焦虑，径直走向咨询台。赵静，一位经验丰富的税务服务窗口工作人员，立刻注意到王先生，她微笑着迎上前去，展现出全神贯注的倾听态度。

赵静："您好，欢迎来到税务局。看您似乎有些烦恼，我能怎么帮到您？"

王先生："你好，同志。我在申报今年的个人所得税时遇到了些问题，不太确定自己是否正确计算了应缴税额，想请您帮我确认一下。"

赵静："当然可以。请您稍等，我这就帮您查看。"

赵静邀请王先生坐在一旁的咨询区，在计算机上登录税务系统，开始仔细核对王先生的申报信息。（**倾听需求**）其间，她不时询问具体细节，确保信息无误。

赵静："（**明确解答**）根据您提供的信息，我发现您在申报时遗漏了部分扣除项。按照最新的税收政策，这部分收入是可以享受税收减免的。"

王先生："真的吗？那我该怎么办？"

赵静："（**明确解答**）不用担心，我可以帮您重新调整申报表，确保正确计算税额。同时，我还会打印一份修订后的申报表给您，这样您就可以清楚看到修改的地方了。"

在赵静的帮助下，王先生的申报问题得到了快速而准确的解决。赵静不仅纠正了申报错误，还耐心解释了相关政策，确保王先生今后能够独立完成正确的申报。

赵静："（**后续跟进**）您的申报表已经修正完毕，我也会将相关文件发送到您的电子邮箱，方便您查阅。另外，如果您有任何疑问，随时可以通过电话或邮件联系我们，我们会继续为您提供服务。"

王先生："真是太感谢了。"

赵静："这是我的职责所在。很高兴能帮到您，祝您一切顺利。"

在这个案例中，赵静不仅解决了王先生的税务申报问题，还提升了他对税务局服务的信任与满意度，体现了以民为本、高效服务的精神。

原则二：持续改进

这一原则是体制内单位追求卓越的体现，它倡导一种永不自满、持续求进的文化。通过定期自我评估与内外反馈收集，优化工作流程与提高服务质量，鼓励创新与跨部门协作，确保改进措施实际有效，提升效率与公众满意度，推动组织不断发展与适应变革，永葆活力与竞争力。

举例

在一次市民意见收集活动中，市房管局收到了多条关于房产登记流程烦琐、耗时长的反馈。面对这一情况，市房管局立即施行了一系列改进措施。

尊敬的市民朋友们：

在近期的市民意见征集活动中，市房管局收到了关于房产登记流程的一些反馈，反映流程较为复杂，耗时较长，给市民带来了不便。对此，我们高度重视，立即启动了持续改进机制，以确保我们的服务能够更好地满足市民的需求。

（**倾听需求**）首先，我们深入社区，组织了多次面对面座谈会，全神贯注地倾听每一位市民的宝贵意见，记录了大家提出的每一个具体问题。我们深知，倾听是改进的前提，也是我们与市民建立信任关系的基石。

（**明确解答**）基于收集到的反馈，我们召开了专题会议，对房产登记流程进行了全面的审视与分析，识别出了流程中的冗余环节和效率瓶颈。随后，我们采取了一系列措施，包括技术升级、流程优化，引入了线上预约系统，增设了自助服务终端，简化了登记所需的材料，这一切都是为了缩短市民的等待时间，提升服务体验。

（**后续跟进**）我们深知，改进无法一蹴而就，因此在实施这些措施之后，我们持续跟进效果，定期回访市民，收集实施后的反馈，确保改革成果能够真正惠及每一位市民。同时，我们开通了热线电话，为市民提供持续的解答服务，确保任何遗留问题都能得到及时解决。

市民朋友们，我们的每一次改进，都是为了更好地服务您。我们承诺，将持续关注市民的需求，不断优化服务流程，提升服务质量，让每一位市民在房产登记过程中感受到便捷与温暖。感谢您的支持与理解，让我们携手共创更加美好的居住环境。

谢谢大家！

通过以上案例，我们可以看到市房管局不仅展示了对市民反馈的重视，还体现了持续改进原则在实际工作中的应用，以及对"日常咨询：倾听需求＋明确解答＋后续跟进"表达框架的贯彻，展现了体制内单位积极进取、服务人民群众的良好形象。

AI提示词：

请你扮演某社区党群服务中心工作人员张响，在面对社区居民李阿姨对老年助餐服务的咨询时，遵循"日常咨询：倾听需求＋明确解答＋后续跟进"的表达框架，回复李阿姨的咨询，文风轻松。

第 2 节　矛盾调解：冷静聆听＋理解他人＋公正协调

在处理人民群众的争议时，首先，需营造一个包容的沟通环境，耐心理解各方立场与情感，避免过早评判。其次，还需要换位思考，以尊重的语气回馈各方关切，缓解紧张情绪。最后，依据法律法规与道德准则，寻求公平解决方案，促进共识达成，维护和谐关系。这一连贯的沟通策略，旨在有效化解矛盾，赢得民众信任与满意，为社会和谐稳定贡献力量。

◎矛盾调解"万能公式"

在真正的矛盾调解领域，存在以下问题：首先，由于信息获取渠道、解读能力以及对相关法规的了解程度存在差异，所以信息不对称是调解过程中的顽疾；其次，情绪管理成为一大难题，矛盾双方在情绪激动的状态下，容易陷入对抗；最后，调解后的效果评估与反馈机制不健全，缺乏有效的跟踪与改进措施，可能导致调解成果难以巩固，影响调解机制的长效性与人民群众的持续信任。运用矛盾调解"万能公式"就能解决这些问题。

矛盾调解"万能公式"如图4-2所示。

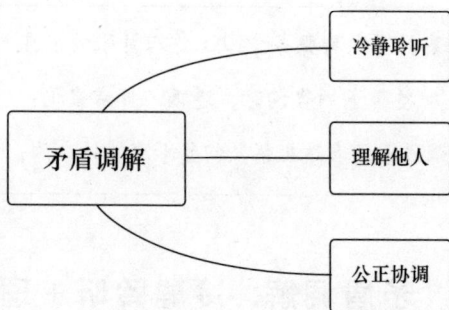

图4-2　矛盾调解"万能公式"

冷静聆听：这是矛盾调解的第一步，也是有效沟通的基石。比如："在此次调解会议中，我们将首先确保每位参与者都有充足的时间表达自己的立场与感受，我们承诺在听取过程中保持中立，不打断、不评判，以充分理解各方诉求。"冷静聆听要求调解者保持客观和平静的心态，全神贯注地听取每一方的陈述，确保所有参与者都有机会完整表达自己的观点和感受。

理解他人：在理解了各方观点和感受之后，调解者需要运用同理心，以尊重和理解的态度，向争议各方复述或总结他们所表达的内容和情感，确保信息传达的准确性，同时也让参与者感受到被理解和尊重。比如："我理解李先生对噪声问题感到十分困扰，也认识到王女士在家中有小孩的情况下确实需要一个安静的环境，双方的诉求都是出于对家庭生活质量的关心。"同理表达有助于缓解紧张情绪，减少误解，为调解过程营造一个更为和谐的氛围，增强各方的信任感。

公正协调：当信息收集和情感疏通工作完成后，调解者进入公正协调阶段。比如："考虑到双方的合法权益，我们建议李先生在特定时间段内合理安排有噪声的活动，以减少对王女士生活的影响。同时，鼓励王女士采取有效的隔音措施，如使用隔音耳塞或调整室内布局，以减轻噪声干扰。"这一方案旨在平衡双方利益，确保各方权益得到尊重，希望得到双方的认可。这一环节要求调解者基于法律、政策和道德原则，寻找一个既能有效解决问题，又能在最大限度满足各方利益的平衡点。

场景案例

地点：某城市中心区派出所调解室。

人物：张警官（派出所调解员），李先生（小区业主），王女士（李先生的邻居）。

张警官："各位，请坐。我是本所的调解员张警官，今天请两位来，是为了调解关于噪声扰民的纠纷。（**冷静聆听**）首先，我承诺，这是一个公正、中立的场合，我会冷静聆听每一位的陈述。"

李先生："警官，事情是这样的，我家隔壁的王女士经常晚上放音乐，声音很大，严重影响了我和家人的休息。"

王女士："可是，警官，我只在周末晚上放一会儿音乐，而且音量并不大，我觉得李先生有点小题大做了。"

张警官："（**理解他人**）我明白了，李先生觉得噪声影响了他的休息，而王女士认为她的行为在合理范围内。我理解李先生需要安静的环境休息，也理解王女士有娱乐放松的需求。"

李先生："是的，警官，我的工作很辛苦，晚上需要好好休息。"

王女士："我明白李先生的感受，但我也希望自己能有一点放松时间。不过，既然这样影响到了他，我愿意考虑调整我的活动时间或方式。"

张警官："（公正协调）非常好，王女士，这种理解和配合非常宝贵。既然双方都表达了理解和意愿，我们可以探讨一个解决方案。我建议，王女士在晚上10点后尽量降低音量或者使用耳机。同时，李先生如果再次遇到类似情况，可以先尝试与王女士友好沟通。如果问题依旧，再通过物业或派出所介入。"

王女士："好的，警官，我会注意控制音量和时间，尽量不影响到邻居。"

张警官："感谢您的配合，王女士。我相信通过这样的调整，大家都可以找到一个平衡点，既能让李先生得到充分的休息，也能让王女士享受自己的休闲时光。"

李先生："这样听起来挺合理的，我同意。"

王女士："我也同意，警官，我会注意的。"

张警官："很好，既然双方都同意，我们就将此方案记录在案，希望以后不会再有类似的纠纷。如果还有其他问题，随时可以找我们。今天的调解到此结束，感谢两位的合作。"

通过这个案例，我们可以看到张警官在调解过程中运用了"矛盾调解：冷静聆听＋理解他人＋公正协调"的表达框架，有效地解决了李先生和王女士之间的噪声纠纷，既维护了邻里关系的和谐，也体现了体制内单位在处理民众矛盾时的专业与公正。

◎运用好矛盾调解"万能公式"的两个原则

运用好矛盾调解"万能公式"，要把握两个原则。

原则一：情绪管理

调解人员应具备良好的情绪管理能力，这要求他们不仅自己要保持冷静，还要有能力帮助各方控制情绪，避免矛盾升级。情绪管理是确保调解过程顺利进行的关键。

举例

地点：某区人民医院医患调解办公室。

人物：陈医生（医院医患关系协调员），刘先生（患者家属），张护士（涉事护士）。

背景介绍：刘先生的儿子在区人民医院住院治疗期间，对张护士的服务态度表示不满，认为其态度冷漠，未及时响应呼叫，导致治疗延误，情绪激动的刘先生要求医院给予解释和处理。

陈医生："各位，请坐。我是医院的医患关系协调员陈医生，我了解到刘先生对张护士的服务有一些意见，今天我们在这里，就是要冷静、公正地解决这个问题。（**冷静聆听**）首先，我想听听刘先生讲讲详细情况，您能具体描述一下发生了什么吗？"

刘先生："陈医生，我儿子在病房里呼叫了好几次，张护士迟迟不来，后来我儿子病情加重，这怎么能让人放心？"

张护士："陈医生，那天确实比较忙，但我每次接到呼叫都会尽快响应，可能因为当时有几个病人需要同时紧急处理，所以刘先生感觉等待时间长了一些。"

陈医生："（**理解他人**）我理解刘先生的担忧，也非常理解张护士的工作压力。（**公正协调**）现在，让我们一起寻找一个解决方案，既能确保患者得到及时的照顾，也能考虑到医护人员的工作负荷。我提议，张护士可以详细说明当时的护理记录，刘先生也可以查看，同时，我们医院可以优化呼叫系统，确保紧急情况下的响应速度。"

刘先生："陈医生，这样听起来还算合理，我愿意看看记录，只要能确保下次不会有这种情况。"

张护士："我同意陈医生的建议，我也会在繁忙时段更加注意患者的呼叫，确保不会遗漏任何紧急情况。"

陈医生："很好，那么我们就这样决定，张护士向刘先生展示护理记录，同时医院会尽快优化呼叫系统，避免类似情况再次发生。如果还有其他问题，随时可以找我，感谢大家的配合。"

以上案例中，陈医生遵循了"矛盾调解：冷静聆听＋理解他人＋公正协调"的表达框架，不仅有效控制了刘先生的情绪，还通过深入理解双方的立场，提出了一种兼顾患者权益和医护人员工作实际的解决方案，体现了医患调解中情绪管理的重要性。

原则二：法律与道德并重

在寻求解决方案时，既要遵守相关法律法规，确保调解结果的合法性，也要考虑道德因素，寻找一个既合法又合情合理的平衡点。

举例

地点：某市房管局。

人物：赵主任（市房管局矛盾调解办公室负责人），林先生（房屋业主），陈女士（相邻房屋业主）。

背景介绍：林先生与陈女士因房屋边界线划分问题产生纠纷，双方均声称拥有争议区域的所有权。林先生依据旧版土地证主张权利，而陈女士则依据近期的测绘报告主张权利，该报告根据现行法律调整了边界线，支持陈女士的主张。双方僵持不下，求助于市房管局进行调解。

赵主任："各位，我是市房管局矛盾调解办公室的赵主任，感谢两位选择通过调解来解决纠纷。首先，我保证，我们的调解将基于法律与道德的双重标准，确保公正与合理。（**冷静聆听**）现在，请林先生先阐述您的观点。"

林先生："赵主任，我手中的土地证清楚显示，争议区域属于我的产权范围，我有权使用这块土地。"

陈女士："但是，根据最新的测绘报告，边界线已经调整，争议区域现在在我的房产范围内，法律文件上已有明确记载。"

赵主任："（**理解他人**）我理解林先生对传统权益的坚持，也认识到陈女士依据现行法律主张权利的正当性。（**公正协调**）法律上，我们需遵循最新测绘结果和现行法律规定；道德上，我们也应考虑历史沿革与邻里和谐。因此，我建议，我们可参考历史文件，同时依据现行法律，寻找一个平衡点。"

　　赵主任："我提议，根据测绘报告调整边界线，同时考虑到林先生的历史权益，由陈女士一次性支付一定补偿金给林先生，作为对其原有权益的补偿。双方可以签订正式协议，明确边界调整与补偿条款，确保法律效力。"

　　林先生："这样看来，也算是合理，我愿意接受调解方案。"

　　陈女士："我同意赵主任的建议，只要补偿金额合理，我愿意支付，以解决争议。"

　　赵主任："非常高兴看到两位能够达成共识。接下来，我将协助两位签订正式调解协议，确保所有条款符合法律要求，同时体现双方的意愿。感谢两位的配合与理解，让我们共同努力，维护邻里和谐，依法依规解决争议。"

　　在这个案例中，赵主任不仅遵循了"矛盾调解：冷静聆听＋理解他人＋公正协调"的表达框架，还在法律与道德并重原则的指导下，巧妙地解决了林先生与陈女士之间的边界纠纷，既遵循了现行法律，又考虑了历史背景与邻里关系，体现了体制内单位在处理民众矛盾时的专业与公正。

AI提示词：

　　请你扮演某区派出所调解室张警官，准备对小区业主李先生和他的邻居王女士进行关于噪声扰民的纠纷的调解，请遵循"矛盾调解：冷静聆听＋理解他人＋公正协调"的表达框架，文风轻松。

第 3 节 政策宣传：利益挂钩 + 通俗易懂 + 多渠道传播

体制内工作人员对人民群众进行政策宣传是日常职责之一，旨在确保国家政策被广泛知晓与正确理解。这通常发生在新政策发布后，或是特定宣传期间，通过组织宣讲会、分发资料、线上推送等多种形式，向公众详细解读政策内容，解答疑惑，确保信息透明，增进民众对政策的认知，获得民众的支持。

◎政策宣传"万能公式"

在全面贯彻党和国家政策方针的过程中，体制内工作人员面向人民群众开展政策宣传工作虽是使命所在，但也面临着不少现实挑战。首先，如何精准把握政策精神，将其转化为通俗易懂、贴近生活的语言，让政策"接地气"？其次，如何有效突破信息茧房效应，确保政策信息能够覆盖到每一个角落？最后，随着社会多元化的发展，不同群体的利益诉求和接受方式存在差异，如何平衡各方需求，设计出既有针对性又具包容性的宣传方案？以上挑战考验着工作人员的智慧与耐心。运用政策宣传"万能公式"就能应对这些挑战。

政策宣传"万能公式"如图 4-3 所示。

利益挂钩：这意味着在宣传政策时要明确展示政策与受众的直接关联，即明确政策如何影响个人或集体的利益，无论是经济上的、安全上的还是生活质量上的。比如："鉴于此次住房公积金调整政策将直接影响职工购房贷款利率，我们呼吁每一位职工仔细研读政策内容，以便高效规划个人财务。"利益挂钩的策略有助于提高受众的关注度和接受度，使他们能更加积极主动地了解和响应政策。

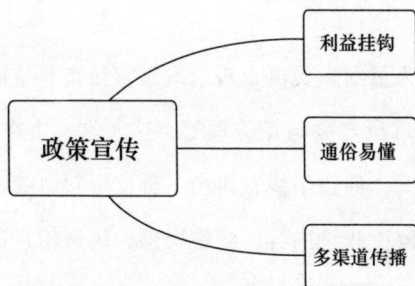

图 4-3　政策宣传"万能公式"

通俗易懂：我们知道，政策文件里常常有很多专业术语和复杂的逻辑关系，直接读可能让人摸不着头脑。为了让大家都明白，我们可以用更简单的语言来解释。比如："新出台的医保报销比例提升政策，其实就是告诉大家：以后看病买药，你自己出的钱少了，报销的比例更高了，这实实在在减轻了家庭的医疗负担。"我们还可以通过比喻、讲故事或描述具体案例来讲解政策要点，让大家一听就懂。

多渠道传播：由于受众的媒体消费习惯和偏好各不相同，采用单一的传播渠道可能无法达到覆盖广泛的效果。因此，多渠道传播策略是必要的，传播渠道包括但不限于传统媒体（如电视、广播）、社交媒体、官方网站、移动应用等。比如："为了确保每位市民都能及时获知最新的城市交通规划，我们将通过市政府官网、微信公众号、社区公告栏以及本地电视台等多个渠道同步发布相关信息。"多渠道传播可以确保信息被尽可能多的目标受众所接收，同时也为不同需求的受众提供获取信息的便利途径。

场景案例

地点： 某社区党群服务中心。

人物： 李主任，社区党群服务中心负责人；王阿姨，社区居民代表；其他参会人员，包括社区党员、志愿者和居民。

会议内容： 李主任对最新发布的《社区健康促进计划》进行宣讲。

各位党员同志、社区居民：

今天，我们齐聚一堂，目的是共同探讨和了解由上级部门最新发布的《社区健康促进计划》。作为社区党群服务中心，我们的使命是确保每一位居民都能够理解并受益于这一政策。

（**利益挂钩**）首先，这项政策的出台，直接关乎我们每个人的健康。该政策旨在提升社区居民的健康水平，预防疾病，倡导健康生活方式。为了让大家更好地理解政策内容，我们特别制作了这本政策解读小册子，用大白话解释专业术语，配以图表和实例，力求做到通俗易懂，确保每位居民都能轻松掌握政策精髓。

（**通俗易懂**）在接下来的时间里，我将用简单直白的语言为大家概述政策的几个重点：一是增加了免费体检项目，包括血压、血糖等基础检查，以及针对中老年人的专项筛查；二是增设了健康讲座和运动课程，鼓励居民积极参与，养成良好的生活习惯；三是优化了社区医疗服务点，提供更多便捷的健康咨询和初步诊疗服务。

（**多渠道传播**）为了让政策惠及每一个人，我们还将通过社区微信群、宣传栏等多渠道进行广泛宣传，确保信息覆盖全面。

让我们一起行动起来，将这份健康礼包带回家，分享给家人朋友，共同营造一个健康和谐的社区环境。感谢大家的支持与配合，让我们携手共创美好明天！

通过上述场景案例，我们可以看到社区党群服务中心如何通过"政策宣传：利益挂钩+通俗易懂+多渠道传播"的策略，将政策宣传工作做得既专业又接地气，确保了居民对政策的全面理解和积极响应，展现了体制内宣传工作的高效与亲民。

◎运用好政策宣传"万能公式"的两个原则

运用好政策宣传"万能公式"，要把握两个原则。

原则一：明确受众需求

明确受众需求原则意味着，作为宣传者，我们应当从群众的角度出发，细致地分析他们的困难、问题以及期望，以此为出发点，提炼出政策的核心信息，确保每一项政策解读都紧密贴合群众的日常生活和切身利益。

举例 🖊

地点：区教科体局会议室。

人物：陈局长，区教科体局局长；李老师，学校教师代表；张先生，学生家长代表；其他教育工作者和家长。

会议内容：陈局长深入解读"双减"政策。

尊敬的各位教育工作者、亲爱的家长朋友们：

大家下午好！今天我们聚集在这里，共同探讨和学习近期由上级部门发布的"双减"政策——减轻义务教育阶段学生作业负担和校外培训负担。

（**利益挂钩**）首先，我要强调的是，这一政策的出台，其核心目的在于促进学生的全面发展，保障青少年的身心健康，减轻家庭的经济负担。（**明确受众需求原则**）我们深知，家长普遍关心孩子的成长环境和学业压力，而教师则致力于高质量的教育。因此，政策的每一条措施都是经过深思熟虑的，旨在回应大家最为关切的问题，确保孩子们能够在轻松愉快的环境中健康成长。

（**通俗易懂**）为了让政策信息通俗易懂，我们特地制作了这本《"双减"政策解读手册》，比如明确了课外作业的时间限制、规范了校外培训机构的行为等。手册中还配有图表和实例，便于大家快速把握政策要点，确保每位读者都能轻松掌握。

（**多渠道传播**）考虑到不同群体的信息接收习惯，我们将通过多种渠道进行广泛传播。除了今天的宣讲会，我们还会在学校网站、微信公众号、家长微信群以及社区公告栏发布相关政策解读，确保信息能够覆盖每一位家长和教师。此外，我们还将组织系列线上直播问答，邀请教育专家实时解答大家的疑问。

最后，我们诚挚地邀请各位家长和教师积极参与到政策的实施监督中来，共同为孩子们创造一个更加健康、公平的教育环境。让我们携手合作，将"双减"政策的精神融入家庭教育和日常教学中，为培养德、智、体、美、劳全面发展的社会主义建设者和接班人贡献我们的力量。

通过上述场景案例，我们可以看到区教科体局如何运用"政策宣传：利益挂钩+通俗易懂+多渠道传播"的策略，结合明确受众需求原则，将"双减"政策的宣传工作做得既专业又细致，确保了政策信息被广泛传播和深入理解。

原则二：简化语言与概念

这一原则旨在将复杂政策与专业术语转化为通俗易懂的语言，确保信息的普及性与可理解性。我们应使用日常词汇、短句及直观示例，使政策内容贴近民众，易于接受，促进广泛传播与深入理解。

举例

地点：村民大会现场。

人物：区乡村振兴局林副局长，区乡村振兴局相关股室负责人；王大爷，当地农民代表；其他参会人员，包括村委会成员和村民。

会议内容：林副局长对最新的农业补贴政策进行宣讲。

乡亲们：

大家好！今天，我们聚在一起，聊聊咱们区最新的农业补贴政策。（**利益挂钩**）政府知道咱农民种地不容易，所以这次政策是实实在在帮大家减轻负担的。

（**通俗易懂、简化语言与概念原则**）简单来说，这次的补贴政策，主要针对购买现代农业机械的农户，即买了机器的农户，政府会补助一部分钱。这样一来，种地效率提高了，成本也降下来了。另外，对于种植优质作物的农户，政府也会给予奖励，这样咱们的农产品质量更好，售价也能更高。

为了人人知晓这项政策，我们准备了这个小册子，里面清楚地讲解了申请补贴的步骤，一看就明白。（**多渠道传播**）同时，我们会在村里的广播站、村委会公告栏，还有咱们的微信工作群里，反复宣传这项政策，确保大伙儿都能了解。

咱们一起努力，把这项政策用好，让咱们的农田绿油油，钱包鼓囊囊！

通过上述场景案例，我们可以看到区乡村振兴局如何运用"政策宣传：利益挂钩＋通俗易懂＋多渠道传播"的策略，结合简化语言与概念原则，将农业补贴政策的宣传工作做得既接地气又高效。

AI 提示词：

请你扮演区教科体局陈局长，采取"政策宣传：利益挂钩＋通俗易懂＋多渠道传播"的策略，面向学校教师代表、学生家长代表，以及其他教育工作者和家长深入解读"双减"政策，字数为 2000 字，文风严谨。

第4节 活动动员：目标激励＋参与价值＋ 简便参与方式

在体制内，活动动员是各单位一项关键职责，旨在确保政策的有效实施和人民群众的广泛参与。例如，在推进乡村振兴战略时，基层政府工作人员需深入乡村，组织召开村民大会；又如，在重大节日或纪念日来临之际，如国庆节等，各级党组织和政府部门会组织系列庆祝活动，工作人员需提前策划，精心准备，通过各种渠道发布活动信息，动员广大党员和群众积极参与，通过文艺演出、主题展览等形式，弘扬爱国主义精神，增强民族自豪感和凝聚力。

◎活动动员"万能公式"

在实际活动动员中，信息精准传达难，覆盖全面不易，尤其是跨地域、文化的活动动员。民众参与意愿受多因素制约，调动其积极性成核心难题。同时，由于活动反馈机制建立复杂，需科学评估与跨部门协作，这样才能实现长效优化目的。面对这些痛点，创新思维与科技应用不可或缺，倾听民声、尊重特色是关键。运用活动动员"万能公式"就能解决这些痛点。

活动动员"万能公式"如图4-4所示。

目标激励：活动动员的首要任务是明确活动目标，将其与参与者个人或集体的利益相结合，形成强烈的吸引力。比如："为响应国家全民健身号召，本次运动会以'强健体魄，筑梦中华'为主题，旨在通过体育竞技展现市民风采，激发全民健康意识，共同为建设体育强国贡献力量。"目标激励不仅在于展现活动的宏大愿景，更在于让每个人都能看到自己的价值，从而激发其内在动力。

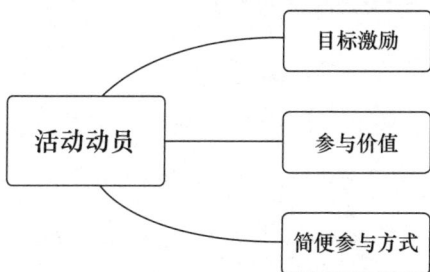

图 4-4　活动动员"万能公式"

参与价值：活动动员时，明确指出参与活动所带来的个人价值和社会意义至关重要。比如："参与此次公益活动不仅能为当地的孩子送去温暖和希望，更能增强个人社会责任感，培养团队协作精神，每一位志愿者的付出都是构建和谐社会的宝贵财富。"参与价值可以包括提升个人技能、增强社区凝聚力、促进身心健康等。

简便参与方式：体制内活动动员的成功与否，在很大程度上取决于参与是否便利。比如："为了方便广大居民参与，本次志愿服务活动采用线上线下相结合的方式，只需通过'志愿云'小程序一键报名，即可成为光荣的志愿者，让爱心传递变得简单快捷。"简化报名流程，提供线上线下多渠道参与途径，是提升参与度的关键，确保活动信息能够快速触达并吸引广泛的群体。

场景案例

　　区民政局召开关于即将启动的"金色年华——关爱老人行动月"的动员大会，参会对象为各个社区的负责人、志愿者代表以及媒体记者，社会事务科李科长进行讲话。

尊敬的各位同事、亲爱的志愿者朋友们：

今天我们聚集在这里，是为了启动一项意义非凡的活动，即"金色年华——关爱老人行动月"。（**目标激励**）本次活动的目标是弘扬尊老爱老的传统美德，通过一系列的关怀服务，提升区内老年人的幸福感和生活质量，共同构建和谐美好的社区环境。

（**参与价值**）参与本次活动，不仅能够为我们的长辈送去温暖与关怀，还能够促使自我成长。你们的每一次探访、每一句问候，都是对社会责任的践行，是对生命价值的深刻理解。

（**简便参与方式**）为了让更多的朋友加入关爱老人的行列中来，我们特别提供了线上报名平台，想要参与的朋友只需扫描二维码，填写基本信息，即可完成志愿者注册；同时，各社区服务中心也将设立现场报名点，确保每一位有意愿的朋友都能够轻松参与进来。

李科长的讲话不仅明确了活动目标，强调了参与价值，同时也提供了简单便捷的参与方式，为"金色年华——关爱老人行动月"的成功启动奠定了坚实的基础。

◎运用好活动动员"万能公式"的两个原则

运用好活动动员"万能公式"，要把握两个原则。

原则一：目标明确且具有吸引力

目标应当清晰具体，与国家政策导向、社会发展需求紧密结合，同时充分考虑目标受众的需求和期望，确保动员目标既有高度也有温度，能够引起广泛共鸣。

举例

市委党校正在举行主题为"新时代干部素质提升工程"的动员大会，市委党校常务副校长赵明进行动员讲话。

尊敬的各位领导、亲爱的同志：

今天，我们在这里隆重启动"新时代干部素质提升工程"，（**目标激励、目标明确且具有吸引力原则**）这项工程旨在全面提升我市干部队伍的政治素养、业务能力和创新思维，目标是打造一支忠诚、有担当、适应新时代要求的高素质专业化干部队伍，为我市经济社会高质量发展提供坚实保障。这不仅关乎个人的成长，更关乎我们城市的未来。

（**参与价值**）参与本项工程，不仅是对个人职业发展的有力推动，更是对国家使命的积极响应。每一位同志的成长，都将为我市的发展注入新的活力，共同描绘新时代的美好蓝图。

（**简便参与方式**）为了便于大家参与，我们特别提供了在线学习平台，大家只需在内部网站注册，即可随时随地访问丰富的学习资源，包括视频课程、专家讲座等；同时，我们还将定期举办线下研习班，为大家提供面对面交流和实践的机会，确保每一位同志都能根据自身情况灵活选择学习路径。

让我们以饱满的热情投入"新时代干部素质提升工程"中，为实现个人价值与城市梦想共同努力！

这次动员大会不仅明确了目标，而且展示了其吸引力，激发了在座干部的参与热情，为市委党校的干部培训工作注入了新的活力。

原则二：强化双向沟通与重视反馈

建立有效的反馈机制，鼓励参与者提出意见和建议，及时调整动员策略，确保动员活动能够根据实际情况灵活调整，以更好地满足参与者的需求。

举例

某村党群服务中心正在召开村民大会，社区书记主持会议。会议的主要内容是讨论如何进一步改善村容村貌，提升村民生活质量，以及如何确保村民的意见和建议能被有效收集和响应。

尊敬的父老乡亲们：

（**目标激励**）我们共同的目标是将咱们的村庄建设成为一个环境优美、邻里和睦、文化繁荣的美好家园。（**参与价值**）你们的每一个意见和建议，都是我们改进工作、解决问题的重要依据，是推动我们村发展不可或缺的力量。（**简便参与方式**）为了让大家的意见和建议能够更便捷地传达给我们，我们将在村委会设立"村民意见箱"，并在微信群里开设"乡村之声"专栏，大家可以随时留言。

（**强化双向沟通**）我承诺，每周五下午，我们都会在党群服务中心接待大家，面对面听取大家的意见和建议；同时，每个月的第一个周一，我们会在村民大会上公开回复大家的问题，分享我们采取的措施和取得的进展。（**重视反馈**）你们的声音将直接决定我们工作的方向和力度，我们坚信，只有倾听你们的心声，才能真正做到为民服务，才能使我们的乡村建设更加符合大家的期望。

在此，请各位乡亲积极提出宝贵意见，无论是对环境卫生、基础设施还是文化活动，我们都愿意倾听，并会尽快给予反馈和解决方案。让我们手拉手，心连心，共建美好乡村！

这个案例展示了在基层党组织领导下，坚守强化双向沟通和重视反馈原则，鼓励村民参与村庄治理，提高村民满意度和幸福感，同时也体现了严谨和积极向上的风格。

AI 提示词：

请你扮演区民政局社会事务科李科长，在即将召开的"金色年华——关爱老人行动月"的动员大会上对各个社区的负责人、志愿者代表以及媒体记者进行讲话，讲话遵循"活动动员：目标激励＋参与价值＋简便参与方式"的表达框架，字数为 2000 字，文风轻松有趣。

第 5 节　表扬鼓励：具体表扬＋公开认可＋正面倡导

在日常工作与管理活动中，工作人员对人民群众进行表扬鼓励是构建和谐社会、激发群众积极性与创造性的重要环节。对人民群众的表扬鼓励是多方位、多层次的。比如在乡村振兴、文明城市创建等各类专项工作或项目启动、实施与评估的过程中，各单位会定期开展表彰活动，对在上述领域表现优异的组织和个人进行公开表扬，旨在树立典范，传播正能量，引领社会风尚，促进政策目标的实现等。

◎表扬鼓励"万能公式"

但实际上，体制内表扬鼓励的标准设定常难平衡普遍性与特殊性，由于层层上报的过程中容易出现信息丢失或延误的情况，使基层的好成绩不能及时得到认可；资源分配受限，可能引发未受表彰者的心理落差；效果评估复杂，需防形式主义。运用表扬鼓励"万能公式"就能解决这些问题。

表扬鼓励"万能公式"如图4-5所示。

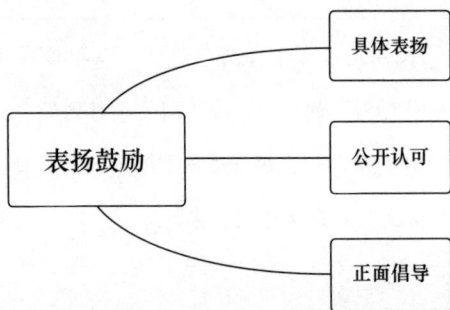

图 4-5　表扬鼓励"万能公式"

具体表扬：这是表扬鼓励机制的基础，指的是对个人或集体在特定任务、项目或日常工作中展现出的创新思维、无私奉献等优秀品质和积极行为给予明确、细致的肯定。比如："在年度工作总结大会上，区教体局特别表彰了某小学教师李华，详细列出了她在 × × 期间创新教学方法、有效保障学生学习质量的具体举措，对其个人贡献给予了高度评价。"具体表扬要求表扬内容应当详实，指向具体的行为或成果，避免泛泛而谈，这样才能确保被表扬者感受到其贡献被认可，同时也能为他人提供清晰的行为模范，指引正确的行为方向。

公开认可：表扬鼓励的另一个关键环节在于公开认可，即在适当的场合，如在工作会议、表彰大会或公共媒体平台上，对被表扬者进行正式的、公开的表彰。比如："在市政府举办的'年度优秀公务员'表彰大会上，通过官方媒体直播，对在乡村振兴工作中表现突出的王刚同志进行了公开嘉奖，颁发荣誉证书，并邀请其上台发言，分享工作经验。"公开认可不仅提升了表扬的正式性和庄重感，而且扩大了表扬的影响力，使更多人知晓并学习被表扬者的优秀品质与行为，从而产生示范效应。

正面倡导：表扬鼓励的目的不仅在于对过去的成就进行认可，更重要的是倡导一种积极向上的价值观与行为模式，鼓励更多人追求卓越，为社会做出贡献。比如："在'最美逆行者'系列报道中，市委宣传部通过官方新闻平台广泛宣传医护人员的感人事迹，倡导全社会学习他们无私奉献、勇敢担当的精神，激发公众的共情与责任感，形成向善向上的社会风尚。"正面倡导意味着表扬鼓励不是孤立的事件，而是推动社会整体向善向上的持续动力。

场景案例

市委统战部召开月度工作总结会议，会议旨在回顾上个月的工作进展和成果，并规划下一个月的工作重点，市委统战部部长蒋明进行讲话。

同志们：

大家好。今天，我想特别表扬下我们这座城市里一群了不起的市民——参与"民族团结一家亲"系列文化活动的全体群众。

（**具体表扬**）在过去的一个月中，由于他们的积极参与和支持，这个项目取得了显著成效。这些市民不仅增进了各民族之间的了解与尊重，还有效促进了我市民族文化的传承与发展。

（**公开认可**）在此次活动中，广大市民展现了高度的责任心和无私奉献的精神。他们不仅热情参与了一系列富有创意的文化交流活动，还积极协调各方资源，确保每一项活动都能顺利进行。他们的行动赢得了社会各界的高度评价，为我们的城市树立了良好的形象，也为我们市委统战部赢得了宝贵的声誉。

（**正面倡导**）这些市民的事迹是值得我们大家学习的典范。他们以实际行动践行了"促进民族团结，构建和谐社会"的理念，充分体现了全市人民的使命与担当。我希望每一位市民都能从他们身上汲取正能量，将个人的热情融入到推动民族团结、维护社会稳定的大局中来。让我们一起努力，共同开创我市更加美好的未来！

再次感谢所有参与和支持"民族团结一家亲"系列活动的市民朋友！你们的努力和贡献是我们前进的动力，也是我们这座城市最亮丽的风景线！

通过这次会议，市委统战部不仅表彰了人民群众，也向全体成员传递了正能量，营造了积极向上、团结协作的工作氛围，对提升部门凝聚力和战斗力具有重要意义。

◎运用好表扬鼓励"万能公式"的两个原则

运用好表扬鼓励"万能公式"，要把握两个原则。

原则一：方向明确且激励人心

通过这一原则，我们可以确保设定的目标既具体可行，又充满吸引力，从而有效地引导和激励团队成员共同努力，实现预期成果。

举例

镇党委书记赵强在年度"优秀村民表彰大会"上发言。

亲爱的乡亲们：

大家好！今天我想特别表扬我们村的张大民同志。（**具体表扬**）就在上周，他自发组织了一次"清洁家园"活动，动员了近百名村民共同参与，清理了村东头的垃圾堆积区，恢复了那片土地的原貌。

（**公开认可、方向明确且激励人心原则**）这次活动不仅改善了我们的居住环境，更展现了张大民同志的公民意识和社区责任感。他的行为得到了全镇人民的广泛赞誉，是我们学习的榜样。

（**正面倡导**）张大民同志的行为提醒我们，每一个人都能为环境保护贡献力量。我呼吁大家向张大民同志学习，从身边小事做起，共同守护我们的绿水青山，让我们的家园更加美丽。

我提议，会议结束后，咱们在村公告栏中张贴张大民同志的先进事迹，同时邀请他分享经验，进一步弘扬环境保护精神，激发更多村民参与到环境保护的行动中来。

此次表扬恰逢张大民同志组织的活动结束一周左右，保证了表扬的时效性，使其意义得以及时传达给全体村民。同时，选择在年度表彰大会上公开表扬，既体现了对张大民同志个人成就的正式认可，又在全镇范围内传播了正能量，达到了表扬的预期效果，符合方向明确且激励人心原则。

原则二：针对性与个性化

表扬的内容不仅要明确指出个人或集体在特定任务或项目中的具体成绩，还要深刻理解并反映该个体的价值观、工作风格及其对团队的独特贡献，从而使表扬成为一种量身定制的激励，既彰显个人价值，又激发内在动力，最终促进个人成长与组织目标实现的协同推进。

举例

区行政审批局局长陈伟主持召开月度工作总结会议，他在会上特别表扬了一位人民群众志愿者——李晓华。

尊敬的同事们：

大家好！今天我要特别提到一位人民群众——李晓华先生。（**具体表扬**）最近，他主动与我们联系，提供了关于简化企业注册流程的宝贵建议。（**针对性与个性化原则**）在他的帮助下，我们成功地减少了三个审批环节，大大提高了办事效率。

（**公开认可**）李晓华先生的建议不仅体现了他对公共事务的热心参与，更展现了他对优化政府服务的深刻理解和独到见解。他的贡献得到了全局上下的一致赞赏，我们非常感激。

（**正面倡导**）李晓华先生用行动证明，公众的智慧和力量是推动政府改革的重要源泉。我呼吁全体同事，要更加开放地倾听公众的声音，鼓励公众参与到政府工作的改进中来，共同打造更加高效、便捷的政务服务体系。

在表扬过程中，陈局长没有泛泛而谈，而是针对李晓华先生在简化流程方面的具体建议给予了高度评价，这既体现了表扬的针对性，也通过个性化的方式表达了对李晓华先生个人价值和独特贡献的认可。此外，陈局长还倡导全体同事学习李晓华先生的主动参与精神，体现了表扬的正面导向作用。

AI 提示词：

请你扮演镇党委书记，在年度"优秀村民表彰大会"上对张大民同志进行表扬鼓励，表扬张大民同志上周自发组织了一次"清洁家园"活动，动员了近百名村民共同参与，清理了村东头的垃圾堆积区，恢复了那片土地的原貌，讲话遵循"表扬鼓励：具体表扬＋公开认可＋正面倡导"的表达框架，字数为2000字，文风轻松有趣。

第6节 投诉处理：及时响应＋认真记录＋透明处理

日常运作中，工作人员处理人民群众的投诉是一项重要职责，这不仅是对公众权益的保障，也是政府机构提升服务质量、增强公信力的关键途径。人民群众的投诉可能源自对公共服务质量的不满，比如在教育、医疗、交通、环保等领域遭遇不便或不公；也可能源自行政管理过程中的程序违规、工作效率低下、工作人员行为不当等问题。

◎**投诉处理"万能公式"**

在实际处理过程中，工作人员需面对海量的投诉信息，筛选与分类是一项巨大的挑战，特别是当投诉内容涉及多个部门或跨领域的复杂问题时，确定责任主体和协调各部门间的合作变得尤为艰难，这不仅考验工作人员的专业判断力，也对体制内的横向沟通机制提出了高要求。运用投诉处理"万能公式"就能解决这个问题。

投诉处理"万能公式"如图4-6所示。

及时响应：这一环节强调了在收到人民群众投诉后的第一时间做出反应的重要性。比如："在接到市民关于环境卫生的投诉后，本部门立即启动应急响应机制，于 24 小时内派遣工作人员前往现场核实情况，并通过官方渠道向投诉人反馈受理信息。"一旦收到人民群众的投诉，工作人员应立即确认收悉，并在规定的时间内给予初步回应，告知投诉人正在处理其诉求，以缓解其焦虑情绪，同时启动后续处理程序。

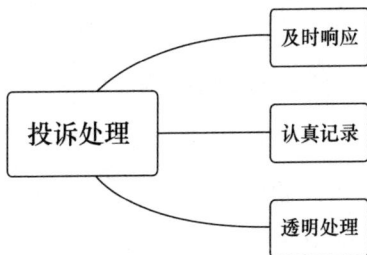

图 4-6　投诉处理"万能公式"

认真记录：认真记录投诉内容是确保后续处理过程准确无误的基础。比如："对于每一起投诉，我们都按照标准化流程进行登记，详细记录投诉人信息、投诉内容、时间、地点等要素，确保信息的准确性和完整性，使后续处理有据可依。"工作人员应当详细记录投诉人的基本信息（如姓名、联系方式）、投诉的具体内容、投诉日期、投诉渠道等关键信息，必要时还需记录投诉人的情绪状态和特殊需求。

透明处理：透明处理意味着在整个投诉处理过程中要保证公开透明。比如："本部门承诺，所有投诉案件的处理过程都将遵循公开透明原则，定期在官方网站公布处理进展与结果，接受社会监督，确保每位市民的合理诉求得到公正对待。"这包括但不限于向投诉人报告处理进度、公开处理结果、解释处理决定的理由和依据，以及接受公众监督。

📋 场景案例

国家电网某省级分公司客户服务部经理刘洋处理了一起关于小区突然停电的紧急投诉。

（**及时响应**）接到投诉后刘洋立刻回应："您好，这里是国家电网客户服务部，我是经理刘洋。我们刚刚收到了您关于停电的紧急投诉，非常抱歉给您带来了不便。请您少安毋躁，我立即安排技术人员前往现场检查，预计20分钟内会有工作人员与您联系确认具体情况。同时，我们会尽快恢复供电，感谢您的耐心等待。"

（**认真记录**）挂断电话后，刘洋迅速打开计算机上的客户信息系统，录入："2024年8月12日10:02，客户×××来电投诉，所在××小区突发停电，影响家庭用电，无特殊紧急需求。已安排技术人员前往现场，预计20分钟内反馈初步情况。"他确保每个细节都被准确无误地记录下来，便于后续追踪与处理。

（**透明处理**）在技术人员反馈初步情况后，刘洋立即向客户发送了短信："尊敬的客户，我们已查明停电系线路老化导致的短路。目前，维修人员正在全力抢修，预计1小时内恢复供电。我们对因此造成的不便深表歉意，后续将加强线路巡查，防止类似事件再次发生。感谢您的理解与支持。"

在恢复供电后，刘洋组织召开了部门会议，总结此次事件的处理经验，并强调："我们要进一步优化应急预案，提升响应速度，同时加强与客户的沟通，确保信息的透明度。每一次投诉处理都是我们提升服务品质的机会，让我们共同努力，为客户提供更加稳定可靠的电力供应服务。"

通过上述发言示例，可以看出国家电网在处理投诉时体现了体制内严谨、高效和以客户为中心的服务理念，同时也避免了投诉变成舆情的可能性。

◎ 运用好投诉处理"万能公式"的两个原则

运用好投诉处理"万能公式"，要把握两个原则。

原则一：记录完整性与准确性

投诉记录应完整、准确，涵盖投诉人的基本信息、投诉内容、投诉时间等关键信息。记录过程应遵循标准化流程，确保信息的完整性，以便于后续分析和处理。同时，记录的准确性有助于避免误解和混淆，为公正处理奠定基础。

举例 🖋

市天然气公司客户服务部的客户服务专员李华正在处理一起关于燃气疑似泄漏的紧急情况。

（**及时响应**）李华接到紧急电话，立即回应："您好，这里是市天然气公司客户服务部，我是李华。我们刚刚收到您关于家中疑似燃气泄漏的通知，非常感谢您及时告知我们。请您先确保自身安全，远离疑似泄漏区域。我将立即记录您的信息并派遣专业人员前往现场检查，预计30分钟内抵达，请保持通信畅通。"

（**认真记录**）李华详细记录了客户的信息："2024年8月18日14:32，客户王先生来电，地址为×路×号，报告家中疑似燃气泄漏，无人员受伤，但闻到强烈气味，担心安全隐患。客户已关闭主阀门，等待专业人员检查。联系电话：×××××××××。记录人：李华。"

（**透明处理**）随后，李华向王先生发送了确认短信："尊敬的王先生，我们已收到您关于家中疑似燃气泄漏的通知并已记录。专业人员正在赶往您的住处，预计15:00前到达。我们会及时向您更新处理进度，请注意接听电话。感谢您的耐心等待。"

燃气检查员到达现场后，确认了燃气泄漏原因，并进行了紧急维修。李华随后跟进，向王先生发送了处理结果："尊敬的王先生，燃气泄漏已由专业人员完成紧急维修，泄漏点已修复，经检测家中燃气管道安全。我们对此次事件给您带来的不便深表歉意，感谢您的配合。如有任何疑问，请随时联系我们。"

在上述案例中，李华不仅迅速响应了投诉，而且在记录投诉信息时做到了详尽无遗，包括投诉时间、客户信息、问题描述、安全措施、联系方式等，便于后续处理。

原则二：闭环反馈

闭环反馈原则即在处理完成后向投诉人反馈最终结果，并提供申诉渠道。这有助于确保投诉人对处理结果满意，同时也为机构提供了改进服务的机会。

举例

　　某中学教务处办公室，教务主任王莉正在处理一名学生家长关于课程安排的投诉。

　　（**及时响应**）王主任接到投诉电话后立即回应："尊敬的家长，这里是教务处，我是王莉。感谢您对学校工作的关心和支持。您反映的课程安排问题，我们非常重视，会马上记录并着手处理。请放心，我们会尽快给您答复。"

　　（**认真记录**）王主任记录了投诉详情："2024 年 8 月 20 日，学生家长张先生来电，反映九年级一班课程安排不合理，英语课时间过晚，建议调整课程表。联系电话：××××。记录人：王莉。"

　　（**透明处理**）王主任随后向张先生发送了邮件确认："尊敬的张先生，我们已收到您关于课程安排的投诉，并已记录在册。我们将与课程安排委员会讨论此事，预计 3 天内给出初步解决方案，并及时与您沟通。"

　　（**闭环反馈**）3 天后，课程安排调整方案出炉，王主任再次联系张先生："尊敬的张先生，感谢您的耐心等待。经过慎重考虑，我们决定调整九年级一班的课程表，将英语课提前至下午第二节。新课程表将于本周五生效。请问您对这个解决方案有何看法？我们非常欢迎您的反馈，以便我们进一步优化教学安排。"

　　一周后，王主任再次与张先生联系，询问课程调整后的效果："尊敬的张先生，课程表调整后，您的孩子适应情况如何？我们希望了解您的最新意见，以便持续改进我们的工作。您的反馈对我们非常重要。"

在上述案例中，王主任不仅迅速响应了家长的投诉，而且通过认真记录和透明处理，确保了投诉处理的规范性和公正性。更重要的是，王主任依据闭环反馈原则，主动向投诉人征询对解决方案的意见，展现了体制内机构在处理投诉时的闭环思维和持续改进的态度，提高了家长对学校管理的信任度和满意度。

AI提示词：

请你扮演国家电网某省级分公司客户服务部经理刘洋，遵循"投诉处理：及时响应+认真记录+透明处理"的表达框架，处理一起群众的紧急投诉事件。字数为2000字，文风严谨。

第7节 政策解读：背景介绍+要点提炼+案例说明

实际工作中，面对人民群众进行政策解读的情况很多。新政策发布后，需清晰阐述政策内容与影响；政策执行中解答人民群众疑问，确保其理解无误；评估政策效果时，反馈实施成效与人民群众意见；处理人民群众诉求时，针对具体问题精准解读，保障权益，促进政策完善。

◎**政策解读"万能公式"**

在实际的政策解读中，我们常常遇到的是：专业术语难懂，要求解读者有深厚的专业知识和精准的表达；政策覆盖面广，需全面解析战略意图与社会影响；受众认知差异大，要求解读信息既专业又通俗。这些挑战考验着体制内工作人员的综合能力和专业素养，其需持续学习与创新以提升政策解读的效率和质量。运用政策解读"万能公式"就能应对这些挑战。

政策解读"万能公式"如图4-7所示。

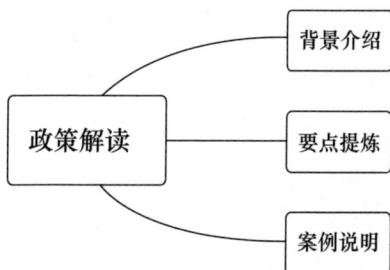

图 4-7　政策解读"万能公式"

背景介绍：这部分旨在为政策解读设定语境，帮助听众或读者初步认知政策出台的历史、社会、经济或政治背景。比如："鉴于全球气候变化的严峻形势与我国节能减排的国家战略，本次新能源汽车补贴政策的出台旨在加速汽车产业绿色转型，推动经济社会可持续发展。"这一环节通常可以包含政策出台的必要性、紧迫性以及国内外相关领域的现状分析。

要点提炼：要点提炼是政策解读的核心，要求解读者从政策原文中抽取出关键信息和核心条款，用简洁明了的语言提炼要点。比如："本政策核心要点包括：对符合条件的新能源汽车提供一次性购车补贴，具体额度依据车辆类型与续航里程确定；同时，简化申请流程，确保消费者在购车时即可享受补贴优惠。"在提炼要点时，应关注政策的主要目标、适用对象、实施步骤、预期效果以及潜在影响等关键要素，确保解读信息的准确性和完整性。

案例说明：案例说明部分通过引用实际案例或模拟情景，将抽象的政策概念具象化，帮助听众或读者理解政策在现实生活中的应用和影响。比如："以深圳市为例，自实施新能源汽车补贴政策以来，该市新能源汽车销量显著增长，市场占有率稳步提升，有效促进了当地清洁能源交通体系建设与空气质量改善。"案例应当典型且具有代表性，能够直观展示政策的实际效果或潜在问题。

场景案例

区医保局正在召开关于最新医保政策解读的公开会议，局长李华面对坐满观众席的居民进行讲解。

尊敬的各位乡亲：

大家下午好！

今天，我们聚集在这里，是为了共同了解和探讨最近由国务院发布的《关于深化医疗保障制度改革的意见》。（**背景介绍**）这项政策的出台，是基于我国医疗保障体系在过去几年中取得的显著成就，同时也着眼于未来，旨在解决当前存在的医疗资源分布不均、医保基金使用效率低下以及人民群众看病难、看病贵等问题。我们南城区作为试点区域之一，将积极响应国家号召，全面贯彻实施此次医政政策。

（**要点提炼**）根据最新的意见，我们将重点推进以下几方面改革：第一，扩大基本医疗保险的覆盖范围，确保所有城乡居民都能享有公平的医疗保障；第二，优化医保支付方式，引入按病种付费、按人头付费等新型支付模式，提高医保基金的使用效率；第三，加强医保基金监管，严厉打击欺诈骗保行为，保障基金安全；第四，推动医疗资源下沉，加强基层医疗机构建设，提升基层医疗服务水平。

（**案例说明**）为了让政策更加贴近实际，我想分享一个发生在我们南城区的真实案例。前不久，我们区内一位患有慢性疾病的王阿姨，因为需要长期服用特殊药物，家庭负担十分沉重。在新政策实施后，她所使用的药品被列入了医保报销目录，个人负担比例大幅下降，生活质量得到了明显改善。这正是我们医保政策改革的初衷——让每一个需要帮助的人，都能感受到国家的温暖和关怀。

李局长的讲话赢得了现场热烈的掌声，他继续鼓励居民提出疑问，现场互动氛围浓厚。这次政策解读不仅增强了居民对医保政策的理解，也体现了政府为人民服务的决心和行动。

◎运用好政策解读“万能公式”的两个原则

运用好政策解读“万能公式”，要把握两个原则。

原则一：关联性与贴近性

解读时要考虑到听众或读者的实际需求和兴趣点，将政策内容与他们的生活实际紧密相连，通过案例展示政策的实际影响，增强解读的吸引力和说服力。

举例

市民政局政策宣讲会正在进行中，张副局长进行政策解读。

尊敬的各位市民：

随着我国老龄化进程加快，家庭小型化趋势明显，居家养老服务的需求日益凸显。（**背景介绍**）为响应国家号召，切实解决老年人居家养老面临的难题，我市特推出"居家养老服务升级计划"，旨在构建多层次、广覆盖的居家养老服务体系。

（**要点提炼**）本计划包括3个方面：一是增加居家养老服务供给，引入更多专业机构参与；二是优化服务内容，提供包括医疗、家政、餐饮在内的全方位支持；三是完善补贴政策，确保低收入和特殊困难老人能够负担得起高质量的居家养老服务。

（**案例说明**）我市其中一个社区的李奶奶，82岁，独居多年。在"居家养老服务升级计划"的帮助下，她现在每天都可以享受到送餐上门服务，每周有两次专业护士为她进行健康检查，还有志愿者定期上门陪聊，李奶奶的晚年生活因此变得更加丰富多彩。

宣讲会最后，张副局长邀请现场市民提问，针对大家关心的申请流程、服务标准等细节进行了耐心解答，确保每位市民都能充分理解政策内容，感受到政策与自身生活的密切关联。

通过这场宣讲会，市民政局不仅有效地传达了政策信息，还增强了市民对政策的认同感，展现了政府为民服务的宗旨和决心。

原则二：简洁性与清晰性

在背景介绍和要点提炼中，力求语言精练，避免冗长和复杂的表述，确保信息传递的高效性。同时，案例说明应具体而不烦琐，便于听众或读者快速理解。

举例

东湖社区党群服务中心，社区党支部书记刘涛面向社区居民解读近期市政府发布的"青年创业扶持政策"。

各位邻居：

大家好！

（**背景介绍**）近年来，为了鼓励青年创新创业，激发市场活力，我市政府出台了多项扶持政策。今天，我想重点介绍的就是最新的"青年创业扶持政策"，这对我们社区的年轻朋友们来说是个好消息。

（**要点提炼**）这项政策的核心有 3 点：一是提供最高 5 万元的创业启动资金，无须抵押；二是创业初期可享受税收减免，为期两年；三是免费提供创业培训和导师辅导。

（**案例说明**）我们的社区居民小李，去年毕业，一直有个开咖啡馆的梦想。得益于这项政策，他顺利获得了 3 万元的启动资金，加上享受税收减免，现在他的咖啡馆已经开业半年，生意兴隆。更重要的是，他参加了创业培训，学到了很多实用的经营技巧。

讲解结束后，刘书记邀请大家提问。他耐心地回答了关于申请流程、资格条件等问题，确保每位居民都能清楚地知道如何利用这一政策。

通过这次解读，东湖社区的青年们不仅对创业扶持政策有了清晰的认识，也感受到了社区和政府对他们梦想的支持。

AI提示词：

请你扮演市民政局张副局长，面向人民群众讲解"居家养老服务升级计划"政策，讲解遵循"政策解读：背景介绍＋要点提炼＋案例说明"的表达框架。字数为2000字，文风严谨。

第8节　紧急通报：快速响应＋信息准确＋行动指南

发生公共卫生事件时，如传染病暴发，需迅速发布事件详情与防护指南；发生自然灾害前，如地震、台风将要来临，要及时指导民众避险；发生重大政策变动时，如社保、教育改革，应立即向民众解释政策；发生突发事件时，如事故灾害发生，需快速通报情况并发布安全提示。通报时，工作人员须确保信息准确、及时、透明，以专业态度安抚民众，维护社会稳定，展现政府的高效应对能力。

◎紧急通报"万能公式"

进入真正的紧急状态时，我们常常需要做到：即时、准确信息的获取与核实，在多变情境中平衡二者；以简明方式触达广泛受众，避免引起恐慌；引导网络快速传播下的舆论，防止信息误读；跨部门协调与资源调配，确保信息流畅通；建立有效跟进与反馈机制，持续更新进展，回应民众关切。这些挑战考验着体制内工作人员的危机应对、信息管理和公众服务综合能力。运用紧急通报"万能公式"就能帮助工作人员做到这些事项。

紧急通报"万能公式"如图4-8所示。

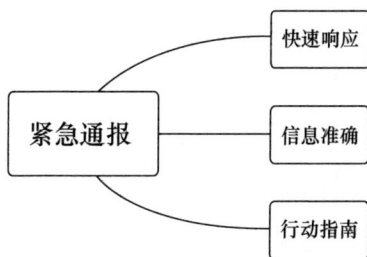

图 4-8 紧急通报"万能公式"

快速响应：在紧急情况发生之初，体制内工作人员需迅速启动应急响应机制，及时搜集并核实信息，确保能够在最短时间内向公众发布通报。比如："在接到地震预警信号的第一时间，相关单位立即联合启动应急预案，迅速集结专家团队评估震情，确保在10分钟内完成初步情况汇总并向公众发布预警信息。"快速响应不仅能够抢占信息传播的先机，避免谣言和不实信息的扩散，还能为后续的应急处置赢得宝贵的时间。

信息准确：紧急通报的内容必须经过严格核实，确保信息的完整性和准确性。比如："面对突如其来的传染病，疾控中心严格遵循信息发布流程，反复核对病例数据、传播链分析结果，确保所有通报内容经得起检验，避免任何不实信息误导公众。"在信息爆炸的时代，任何虚假或误导性的信息都可能造成严重的后果，包括公众恐慌、社会动荡甚至生命财产的损失。

行动指南： 紧急通报不应限于告知，还应包含明确的行动指南，指导公众如何在紧急情况下采取适当的自我保护措施。比如："在暴雨红色预警发布后，气象局紧急发布行动指南，详细列明了居民应采取的关闭门窗、加固户外设施、避免外出等具体措施，同时提供了紧急避难场所位置和联系方式，确保居民能够迅速采取有效防范措施。"行动指南应具体、实用，根据不同类型的紧急情况（如自然灾害、公共卫生事件、安全事故等）提供相应的应对策略，包括疏散路线、避难场所、紧急联系方式等关键信息。

📋🔍 场景案例

气象部门预报，未来2小时内南城区将遭遇极端雷暴天气，对区内居民安全构成威胁。南城区应急管理局局长王强通过紧急广播系统向全区居民进行通报。

尊敬的市民朋友们：

（**快速响应**）这里是南城区应急管理局。我们刚刚收到气象部门的紧急预警，预计未来2小时内本区将遭遇极端雷暴天气。（**信息准确**）请各位市民立即采取预防措施，确保自身安全。根据最新气象数据，此次雷暴可能带来短时强降雨、雷电和冰雹。我们已经启动了应急预案，确保所有应急队伍处于待命状态。（**行动指南**）请大家关闭门窗，避免使用电器，远离窗户和外墙。如果在户外，请尽快寻找安全的避难所。请关注官方发布的最新消息，我们将在电视台、电台和官方网站上持续更新天气情况。如有紧急情况，请拨打政务服务便民热线：12345。我们将随时提供帮助。

市民朋友们，安全第一。请互相提醒，照顾好家人和邻里。南城区应急管理局将与大家共渡难关，确保我区的安全。感谢各位市民的配合与理解。

通过王强局长的紧急通报，南城区居民及时了解了即将到来的极端天气情况，会及时采取必要的预防措施，有效减少潜在的风险和伤害。这种快速、准确、具有指导性的紧急通报是体制内工作人员在面对紧急情况时，确保公众安全的重要手段。

◎ 运用好紧急通报 "万能公式" 的两个原则

运用好紧急通报 "万能公式"，要把握两个原则。

原则一：时效性

紧急通报的第一要务是快速，确保信息能够在第一时间触达目标受众。这意味着工作人员必须具备较强的警觉性和迅速反应能力，一旦发现或接收到紧急情况的信号，应立即启动通报程序，避免任何延误。

举例 /

西城区卫生部门通报，发现一起疑似食物中毒事件，涉及一家本地餐馆，已有多名顾客出现不适症状，情况需紧急处理，西城区党群服务中心主任赵华进行紧急通报。

（快速响应）赵华主任在接到卫生部门的通知后，迅速组织召开紧急会议，决定立即通过社区广播和官方社交媒体账号发布紧急通报。

（**信息准确**）"各位居民，这里是西城区党群服务中心。我们刚刚收到卫生部门的通报，位于本区的'美味轩'餐馆疑似发生食物中毒事件，已有数位顾客出现不适症状。我们正在与相关部门紧密合作，调查事件原因并采取相应措施。（**行动指南**）如果您近期曾在'美味轩'就餐，并出现恶心、呕吐、腹泻等症状，请立即停止食用任何食物，保持水分补充，尽快就医，并向我们报告情况，联系电话：××××。同时，我们建议所有居民近期避免在'美味轩'就餐，直到卫生部门确认安全。

西城区党群服务中心将密切关注事态发展，及时更新相关信息。请各位居民保持冷静，遵照指导行动，确保自身健康安全。如有任何疑问，欢迎随时联系我们。"

会后，赵华主任安排工作人员持续关注事件进展，通过官方渠道更新调查结果和处理措施，确保居民及时了解最新情况。

通过赵华主任的及时通报和明确指导，西城区居民迅速了解到食物中毒事件的详情，并采取了适当的预防措施，这有效控制了事件的扩散，保障了社区的公共卫生安全。

原则二：准确性

在追求速度的同时，信息的准确性至关重要。任何错误或误导性的信息都可能造成恐慌或混乱。因此，紧急通报中的信息必须经过严格的核实和审查，确保每一个细节都是准确无误的。

举例 ✏

市环境监测中心站检测到化工园区附近空气中有害气体浓度异常升高，可能对周边居民健康造成影响。南城区环保局局长刘伟进行紧急通报。

（**快速响应**）刘伟局长在接到市环境监测中心站报告后，立即组织召开紧急会议，决定通过官方平台向公众发布紧急通报。

（**信息准确**）"各位市民，这里是南城区环保局。我们监测到化工园区附近空气中二氧化硫浓度异常升高，超出安全标准。目前，我们正在与化工企业核实情况，并启动应急响应程序。（**行动指南**）请居住在化工园区周边的市民立即关闭门窗，避免户外活动，尤其是老人、儿童和呼吸道疾病患者。（**准确性原则**）请大家注意佩戴口罩。我们将持续监测空气质量，一旦恢复正常，将立即通知大家。南城区环保局将实时更新监测数据和应对措施。请市民朋友关注官方信息，保持冷静，按照指导行动。如有任何健康不适，请及时就医并报告给我们。"

会后，刘伟局长安排工作人员通过官方网站和社交媒体持续更新空气质量监测结果，确保信息透明，指导居民采取适当防护措施。

刘伟局长通过遵循准确性原则，使南城区居民及时了解了空气质量异常情况，并采取了有效的自我保护措施，避免了潜在的健康风险。南城区环保局的迅速反应和透明沟通，增强了公众对政府部门的信任，保障了社区的环境安全和居民健康。

AI提示词：

气象部门预报，未来2小时内南城区将遭遇极端雷暴天气，可能伴随强降雨、雷电和冰雹，对区内居民安全构成威胁。请你扮演区应急管理局局长王强，遵循"紧急通报：快速响应＋信息准确＋行动指南"的表达框架，通过紧急广播系统向全区居民进行通报，字数为1500字，文风严谨。

对外沟通实战演练：民心舞台剧

幕启：（旁白）欢迎各位来观看"民心舞台剧"，这是一场关于沟通艺术的深度探讨。本书精心设计了8个场景，旨在展现如何在不同的对外沟通场合，把握民众需求，赢得100%的群众满意度。

第一幕：日常咨询

场景：市民服务中心接待台

市民甲（略显紧张，拿着一叠文件）："我最近想申请住房补贴，但不太明白流程，你能帮我吗？"

服务人员乙（微笑着，身体微微前倾，展现出倾听的姿态）："当然可以，先生。我明白您可能觉得流程有点复杂，但别担心，我会一步步帮您弄清楚。"

（服务人员乙耐心地解释申请流程，用简单明了的语言，确保市民甲能够理解。）

服务人员乙："首先，您需要准备这几份文件……然后，您可以在线提交申请，或者在这里填写纸质表格。我会帮您检查一遍，确保没有遗漏。之后，我会跟进您的申请进度，并在一周内通过电话或邮件告知您结果。"

第二幕：矛盾调解

场景：社区调解室

居民丙（情绪激动，手指向对面的居民丁）："他家的狗每天半夜叫个不停，我根本没法睡觉！"

调解员戊（保持冷静，双手平摊，示意双方平静下来）："我明白您的困扰，丙先生。丁先生，您是否意识到这个问题呢？我们都是社区的一部分，让我们一起找到一个折中的解决方案。"

丁先生："是的，我确实注意到有时候狗狗会在晚上叫声较大。我会尽量注意的。"

调解员戊（提出折中方案）："那么，丁先生可以在晚上 10 点后避免遛狗，并尽量让狗狗在室内安静休息。如果夜间有异常叫声，及时采取措施安抚。同时，丙先生如果有任何不适，可以随时与丁先生沟通。"

丙先生（点头表示同意）："好的，我也愿意尝试这个方法。"

调解员戊（总结并确认）："非常好，感谢两位的合作。我们会记录这个方案，并定期跟进，确保问题得到有效解决。"

第三幕：政策宣传

场景：社区广场

宣传员己（手持话筒，面带微笑，充满热情）："各位亲爱的街坊邻居，你们知道吗？最近政府推出了一项新政策，旨在提升社区绿化率，这不仅能美化我们的生活环境，还能增加我们的健康。只要您参与社区植树活动，就能享受政府提供的补贴。"

（宣传员已用通俗易懂的语言解释政策，通过互动问答，确保听众理解政策的好处，并鼓励大家参与。）

第四幕：活动动员

场景：社区中心

活动策划人庚（充满激情地站在讲台前）："亲爱的朋友们，我们即将举办一年一度的社区运动会！这不仅是一场比赛，更是一个展现团队精神、增进邻里感情的机会。参与其中，不仅能锻炼身体，还能赢得精美奖品。而且，报名非常简单，只需扫描二维码，填写基本信息。"

（活动策划人庚用目标激励、参与价值和简便参与方式激发大家的兴趣，确保活动的成功举办。）

第五幕：表扬鼓励

场景：社区表彰大会

领导辛（站在台上，目光扫视全场，声音富有激情）："今天，我们要特别表扬李阿姨，她是我们社区最热心的志愿者。过去一年里，她每周至少花10个小时的时间在社区中心，辅导孩子们做作业，组织各种公益活动。李阿姨，您的付出让社区更加温暖，我们为您感到骄傲！"

（领导辛颁发证书和奖杯，鼓励更多人为社区做贡献，全场响起热烈的掌声。）

第六幕：投诉处理

场景：客服中心

客户壬（语气急切）："我在你们网站上购买的商品到现在还没收到，这已经是第三次了！"

客服癸（立即回应，态度温和，表现出真诚的歉意）："非常抱歉给您带来了不便，王女士。我理解这对您来说很困扰。请让我查一下您的订单详情，我会尽快查明原因，并确保您能得到满意的解决方案。"

（客服癸认真记录投诉详情，承诺会在 24 小时内回复处理结果，确保客户的投诉得到透明处理。）

第七幕：政策解读

场景：公共讲座

专家子（站在讲台上，使用 PPT 辅助讲解）："各位朋友，今天我想和大家分享一项重要的政策——关于退休金调整的最新规定。这项政策旨在确保每位退休人员都能享受到合理的养老金待遇，保障晚年生活质量。"

（专家子通过 PPT 详细介绍政策背景，提炼政策要点，包括调整幅度、影响人群和实施时间。随后，介绍了一个退休人员因政策调整而增加收入的案例，使解读更加生动具体。）

第八幕：紧急通报

场景：应急指挥中心

指挥官丑（紧急情况下，声音坚定，迅速发布指令）："紧急通知，所有市民请注意！气象部门预报，未来2小时内南城区将遭遇极端雷暴天气，可能伴随强降雨、雷电和冰雹。请大家立即采取行动，关闭门窗，避免使用电器，远离窗户和外墙。请关注官方发布的最新消息，我们将持续更新天气情况。如遇紧急情况，请拨打政务服务便民热线：12345。"

（指挥官丑确保信息准确无误，提供清晰的行动指南，帮助市民迅速做出反应，确保市民安全。）

旁白：（总结）这一系列精心编排的场景，不仅展现了在日常咨询、矛盾调解、政策宣传、活动动员、表扬鼓励、投诉处理、政策解读和紧急通报中，如何运用有效的沟通技巧来满足民众需求，还强调了在不同情境下，如何通过具体行动赢得群众的信任和支持。记住，每一次沟通都是一次机会，让我们用智慧和真诚，共同构建和谐美好的社会。

幕落：通过这些详细场景的描绘，本书深入地探讨了如何在各种对外沟通场合，运用特定的沟通公式来有效地与民众交流，不仅传递信息，还在民众心中播下信任与满意的种子。